Clímax

VIAJE POR LOS CAMINOS
DEL ORGASMO

PLATANOMELÓN

Clímax

VIAJE POR LOS CAMINOS
DEL ORGASMO

Diseño e ilustración Eva Vesikansa

cincotintas

NOTA DE LA EDITORIAL:
A fin de no caer en prejuicios y estereotipos, tanto Cinco Tintas
como Platanomelón hemos apostado por escribir este libro con un
lenguaje no sexista, de género neutro o inclusivo, por lo que hemos
evitado el masculino genérico normativo y optado por el símbolo «x»
en sustantivos, adjetivos, artículos y algunos pronombres, siguiendo las
orientaciones que, entre otros, ofrece Naciones Unidas para su personal.
Adoptamos un enfoque inclusivo y respetuoso al hablar de hechos
históricos, reivindicativos y divulgación científica. Reconocemos la
importancia de incluir tanto a mujeres como a hombres en la narrativa
histórica y enfocarnos en cuestiones de género en temas reivindicativos.
En divulgación científica, mencionamos a mujeres cis y hombres cis, a
menos que el propio estudio especifique su inclusión de personas trans,
no binarias u otras identidades de género.

ADVERTENCIA:
La información y los consejos presentes en este libro se deben interpretar
como una guía general, pero no deben sustituir un asesoramiento de
tipo profesional.

Diseño e ilustración: Eva Vesikansa

Redacción, supervisión de contenidos, gestión del proyecto
y soporte gráfico: Platanomelón

Sexología: Platanomelón

Copyright © de esta edición, Cinco Tintas, S.L., 2023
Copyright © de los textos, Platanomelón, 2023
Copyright © del diseño, Eva Vesikansa, 2023

Av. Diagonal, 402 – 08037 Barcelona
www.cincotintas.com

Primera edición: noviembre de 2023

Impreso en España por Tallers Gràfics Soler
Depósito legal: B 18486-2023
Códigos Thema: VFVC | JBFW
Sexo y sexualidad: consejos y temas y aspectos sociales

ISBN 978-84-19043-27-6

Contenidos

Prólogo

¿Sabías que conocemos más acerca del universo, sus galaxias y sus constelaciones que del clítoris, los sueños eróticos o el orgasmo?

Pero eso queremos cambiarlo. O, al menos, compartir contigo todo lo que sabemos del fascinante mundo de la sexualidad. Un terreno que, por mucho que pienses que conocías a la perfección, vas a entender en profundidad a partir de ahora.

En esta colección de libros vamos a refrescarte lo que sabes –porque seguramente muchos conceptos te suenen– y enseñarte lo que todavía desconoces. Especialmente si nunca has recibido una educación sexual o bien la has recibido, pero ha sido más bien escasa.

Por eso te animamos a entrar con la mente abierta, a abrazar lo que vas a aprender en estas páginas. Vamos a sorprenderte, ¡y mucho! Así que presta atención. De aquí en adelante, vas a convertirte en expertx en todo lo que te parecía un misterio o, al menos, vas a verlo de una forma nueva.

Ven, que esto va de descubrir(te).

¿Qué es la sexualidad?

Puede que si te hablamos de sexualidad en lo primero que pienses sea en la penetración o en el orgasmo, pero déjanos decirte que es mucho más que lo que ocurre debajo de las sábanas. La sexología, por otro lado, es el estudio científico de la sexualidad que sirve para mejorar el sexo y reconectar con nuestros cuerpos y/o nuestras parejas, por poner unos ejemplos. Pero ambas van mucho más allá.

Lo primero que debes saber es que la sexualidad es uno de los pilares centrales del ser humano y lo es a lo largo de toda nuestra vida, no se limita únicamente a la edad adulta. Lo que sucede es que, según la etapa vital en la que se encuentra cada persona, se expresa de diferentes maneras. Y en esos distintos momentos abarca numerosas esferas, como el sexo, las identidades y expresiones de género, las orientaciones sexoafectivas, el placer, la intimidad, el erotismo o la reproducción.

Al ser una dimensión tan íntima de nuestra vida, puede resultar semejante o completamente opuesta a la vivencia sexual de otro individuo. Lo cierto es que, por mucho que se parezcan las personas, cada una es única y su experiencia, también.

Como dato curioso, si somos más de 8000 millones de personas y cada una tiene una sexualidad distinta, podríamos decir que existen ¡más de 8000 millones de sexualidades!

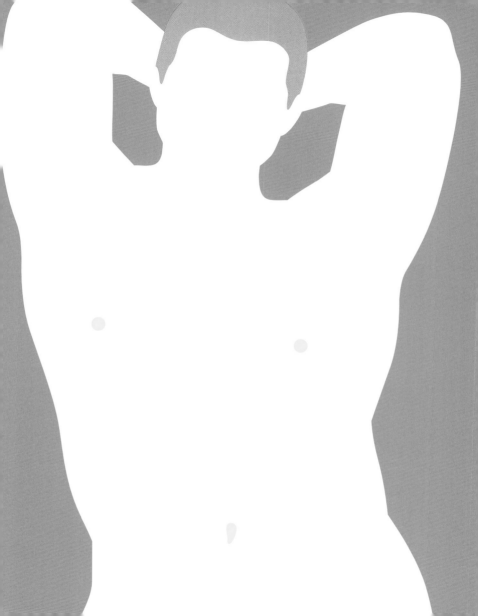

Qué es la sexualidad

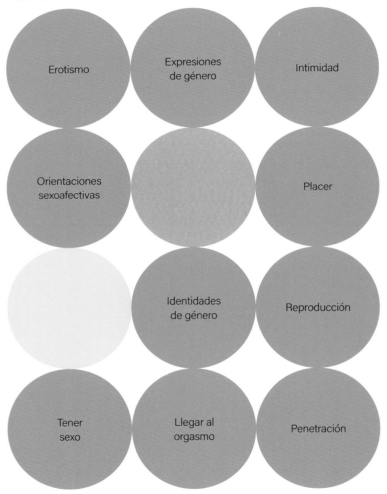

Erotismo

Expresiones de género

Intimidad

Orientaciones sexoafectivas

Placer

Identidades de género

Reproducción

Tener sexo

Llegar al orgasmo

Penetración

Aunque sentimos que es un ámbito íntimo de nuestra vida, nuestra sexualidad también se ve afectada por todo lo que nos rodea. De hecho, según la definición de la Organización Mundial de la Salud (OMS), «la sexualidad está influida por la interacción de factores biológicos, psicológicos, sociales, económicos, políticos, culturales, éticos, legales, históricos, religiosos y espirituales». ¿Entiendes ahora lo que decíamos de que cada persona tiene la suya propia? Nuestras situaciones y experiencias son distintas, así que nuestra manera de experimentar la sexualidad también lo es.

Esta parte tan relevante de nuestra existencia la expresamos a través de conductas y pensamientos, como fantasías, deseos, creencias y valores y, además, se explora a solas, en relación con otras personas, en sociedad y culturalmente, por lo que nos mantiene en conexión con nosotrxs mismxs y con lxs demás.

Entonces, ¿cómo es posible que siendo algo intrínseco a nuestra persona sigan existiendo innumerables confusiones y estigmas alrededor de la sexualidad?

¿Te has sentido alguna vez culpable por experimentar menor deseo sexual que tu pareja? ¿Aisladx por no encajar en los estándares sociales? ¿Discriminadx por tu identidad de género? ¿Avergonzadx por fantasear con algo poco convencional?

Todas estas emociones nacen de la desinformación y de las creencias distorsionadas que tenemos y dificultan que exploremos y comprendamos la sexualidad de manera libre y, sobre todo, feliz.

La sexualidad a lo largo de la historia

La sexualidad, el erotismo y el amor, tal y como los conocemos ahora, son algo moderno, ya que suponen el resultado de siglos de transformaciones, no siempre lineales y, en ocasiones, hasta contradictorias. Esta herencia afecta también a nuestra manera de vivir la sexualidad en la actualidad, así que para que sepas cómo se relacionaban nuestros ancestros, te invitamos a hacer un viaje a través del tiempo.

Hace más de 22 000 años, lo que podemos considerar el origen de esta historia, nuestros antepasados veneraban a la Diosa Madre, una figura divina femenina que ha sido adorada en muchas culturas y religiones a lo largo de la historia. Esta diosa se asociaba con la creación, la fertilidad y la vida, unos fenómenos que no podían explicarse nuestros antepasados, aunque sí eran capaces de comprender su relevancia, pues la supervivencia de la especie dependía de ello.

Esta figura fue representada con ilustraciones y estatuas a lo largo de todo el Paleolítico. La Venus de Willendorf (ver ilustración en la página siguiente) y la Venus de Laussel son dos de las figuras más icónicas. Es posible que te suenen por lo característicos que resultan los cuerpos abundantes y senos prominentes de ambas estatuas, unas cualidades que eran símbolo de fertilidad. De hecho, ciertas hipótesis de la arqueología moderna sostienen que esas civilizaciones podían haber tenido una cultura matriarcal. La sacralidad de lo femenino podría ser un testimonio de la importancia que tenían las mujeres en las culturas ancestrales de todo el mundo.

La Diosa femenina es completamente distinta
al Dios patriarcal, que nace mucho más adelante:
mientras que él es distante y trascendente,
ella es madre y mediadora con lo divino.

Con el paso de los siglos y la división del trabajo, las sociedades se volvieron más patriarcales y las mujeres quedaron relegadas al ámbito doméstico, dedicadas principalmente a la familia. Algo que también se ve reflejado en cómo las Venus tomaron otro lugar en los cultos. Empezaron a representarse con un aspecto más púdico: en *El nacimiento de Venus*, de Sandro Botticelli, así como en la *Venus itálica*, de Antonio Canova, representaciones renacentista y neoclásica de las diosas del amor que se cubren el pecho y la vulva.

Esta relación de la sexualidad con lo divino también se encuentra en otras culturas, como en la China taoísta del siglo VII, cuyo concepto del erotismo iba más allá de la simple reproducción. El acto sexual era un medio para conseguir mayor salud y longevidad y, además, suponía la unión de las fuerzas cósmicas yin y yang: para ello, era esencial que la mujer experimentara el orgasmo y que el hombre estimulase diferentes zonas erógenas, controlando su eyaculación si fuera necesario.[1]

Mientras que hace miles de años Oriente vivía una sexualidad que parece casi contemporánea, esta poco o nada tenía que ver con el puritanismo de Occidente.

Hablar en esos términos de placer en la Edad Media era imposible. Con el poder que llegó a ostentar la Iglesia, conceptos como el de monogamia, heterosexualidad y abstinencia se impusieron con mucha severidad, arrasando por completo con el erotismo y convirtiendo el sexo en algo vergonzoso fuera del matrimonio.

---

[1] Lo Iacono, A., Mansueto, R., *I percorsi della sessualità. L'incontro tra Amore, Eros e Psyke*, Roma, Alpes, 2015.

Paradójicamente, mucho antes de condenar la sexualidad al secretismo, tanto en el antiguo Egipto como en la Grecia antigua la cultura no era tan sexofóbica (aunque siempre había límites, claro): la sexualidad era mucho más permisiva y libre.

En lugar de avanzar hacia una sociedad más abierta, la época victoriana siguió la misma línea de la Edad Media: la represión sexual fue tan asfixiante como los corsets de las damas de corte,[2] y, el cuerpo femenino, algo indecente que debía quedar oculto a la vista para no «incitar indebidamente».

Con estos precedentes, ¿cómo no vamos a arrastrar aún hoy algunos de los valores negativos que se asociaban a la sexualidad en esas épocas de rígido moralismo? El cambio hasta la actualidad ha sido progresivo y, si bien lento, tenemos la certeza de que va en la dirección correcta.

El libertinaje sexual más desenfrenado podría situarse apenas un siglo antes, cuando en la Europa occidental abundaban los juegos de seducción y el culto al amor carnal y a los afrodisíacos. Otro ejemplo de cómo la sexualidad empezó a salir a la luz sería lo que sucedió en Japón. El arte erótico más icónico de Oriente, el *Shunga* (género de estampas que representa escenas explícitas de sexo), nació mucho antes de

[2] Lo Iacono, A., Mansueto, R., *idem.*

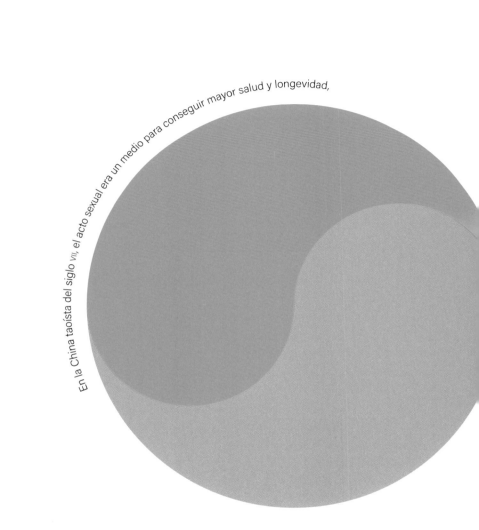

En la China taoísta del siglo VII, el acto sexual era un medio para conseguir mayor salud y longevidad,

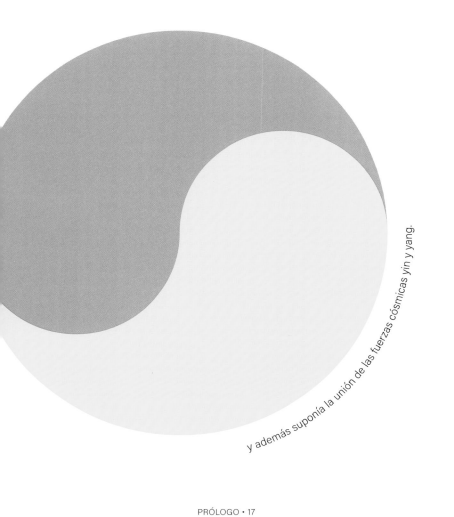

y además suponía la unión de las fuerzas cósmicas yin y yang.

las grandes revoluciones occidentales y solo en 1907 fue considerado material «obsceno» por el Código Penal Japonés.[3] Sí, el tatarabuelo de la pornografía también estuvo sujeto a las críticas.

En la década de 1960, sin embargo, se inició la era de las grandes revoluciones: la música irrumpió estrepitosamente, con ídolos como Elvis Presley y The Rolling Stones. El fenómeno fan que desataron enloquecía a unas masas que reaccionaban a los sugerentes movimientos de lxs artistas, hasta el punto de que los sectores más populares de la población trataron de censurar sus carreras musicales por su impacto erótico. Pero el progreso era irrefrenable, el Pop Art entró en la cultura popular y la Carrera Espacial estuvo en boca de todxs. La revolución sexual estaba al caer, aunque llegaría a su máximo esplendor entre los años setenta y los ochenta.

Fue una época de transformaciones en el ámbito sexual que dio comienzo con la popularización de la píldora anticonceptiva. Un revolucionario invento mediante el cual las mujeres y podían controlar su fertilidad y que les permitió desarrollar sus carreras profesionales. Algo hasta entonces casi imposible, dado que estaban relegadas al ámbito doméstico. Esto supuso, por primera vez en la historia, una alternativa en la vida de las mujeres, anteriormente destinadas a su biología y a su rol social. Además, el sexo dejó de tener una función meramente reproductiva y se posicionó como algo placentero y empoderador, incluso fuera del matrimonio. ¡Se empezó a hablar de igualdad!

Pero por mucho que la mujer hubiera llegado por fin al mercado laboral (y para quedarse), faltaban por derribar todavía muchas barreras sexuales. No fue hasta 1969 que tuvo lugar la revuelta de Stonewall, una

[3] Lo Iacono, A., Mansueto, R., *idem.*

serie de enfrentamientos violentos entre el colectivo LGTB+ y la policía en la ciudad de Nueva York. Estos sucesos significaron el inicio del movimiento moderno de liberación gay, que luchó (y sigue luchando) contra un sistema opresivo hacia personas no normativas, como transexuales, homosexuales y bisexuales o racializadas. Son los mismos enfrentamientos que, décadas después, cada 28 de junio seguimos conmemorando alrededor del mundo con las manifestaciones del Orgullo Gay.

Aquello fue el comienzo de una serie de reivindicaciones que tendrían lugar en la década de 1970. El colectivo LGTB+ unió fuerzas y empezó a reclamar sus derechos, luchando para acabar con las discriminaciones y, en diciembre de 1973, fecha histórica en materia de libertad sexual, la homosexualidad dejó de ser clasificada como patología y se empezó a considerar una orientación sexual.[4]

Después de este viaje espaciotemporal, te habrás dado cuenta de que la historia de la sexualidad ha sido camaleónica, y ¡sigue siéndolo! Hoy en día, las batallas son distintas, como por ejemplo la discriminación por la orientación sexual o la perspectiva machista en la sexualidad, entre muchas otras. Pero si algo podemos ver de manera clara es que el tiempo y las culturas han moldeado nuestra sexualidad y siguen pesando en nuestras relaciones, tanto a nivel social e institucional como en la esfera más íntima.

[4] Sullivan, M. K., «Homophobia, History, and Homosexuality», *Journal of Human Behavior in the Social Environment*, 8:2-3, 2004, páginas 1-13.

El presente (y el futuro) de la sexualidad

Actualmente, sobre todo gracias a la tecnología, estamos presenciando una época de cambios increíbles en lo que a sexualidad se refiere, y no nos referimos solo al *boom* de los juguetes sexuales, esos que llevan motores de avión en miniatura para hacernos experimentar un placer desconocido hasta la fecha. Cada vez se visibilizan más los colectivos minoritarios, se desmitifican las falsas creencias, se habla de la importancia del clítoris, surgen comunidades en torno a temáticas como la maternidad, la menopausia, las nuevas masculinidades... ¡y un larguísimo etcétera!

Aunque no todo es maravilloso. No podemos ignorar la otra cara de la moneda, que no brilla tanto: la resistencia social a los cambios hacia la igualdad de género y las diversidades sexuales en forma de prejuicios e incluso agresividad.

Basta poner sobre la mesa dos datos que están curiosamente relacionados. Por un lado, el 68,5 % de lxs españolxs entre 16 y 25 años considera que la educación sexual que recibió no fue suficiente.[5] Por otro, la evidencia de que el consumo de pornografía se extiende cómo la pólvora: en España, el 90 % de lxs jóvenes ha consumido estos contenidos en su móvil antes de los 12 años.[6] Si unimos ambos datos, llegamos a la

[5] Sociedad Española de Contracepción, Encuesta nacional sobre sexualidad y anticoncepción entre los jóvenes españoles (16-25 años), 2019. sec.es/encuesta-nacional-sobre-sexualidad-y-anticoncepcion-entre-los-jovenes-espanoles-16-25-anos.

[6] Ballester Brage, L., Orte, C., Pozo Gordaliza, R., «Nueva pornografía y cambios en las relaciones interpersonales de adolescentes y jóvenes» en *Actas del XIX Congreso Internacional de Investigación Educativa*, Vol. 1, 2019, páginas 500-507.

conclusión de que son estos vídeos gratuitos los que se han convertido en la nueva educación sexual, haciendo que las prácticas violentas que aparecen en la pantalla sean lo que consideran erótico y también lo que ponen en práctica a la hora de estar con alguien. Para que te hagas una idea de lo grave que es la situación, el sexo que se aprende en esos vídeos es comparable a intentar aprender a conducir teniendo como referencia las películas de *Fast and Furious*. Esa libertad sexual que tanto costó conseguir hace décadas se encuentra en peligro si se ve condicionada por unos mensajes que llegan de una industria que no es conocida precisamente por reflejar el sexo de manera fidedigna.

Y es curioso, porque podemos afirmar que vivimos en la era de la información (nunca antes habíamos tenido una fuente de datos y noticias ilimitados en la palma de la mano) pero, en muchos aspectos, seguimos igual de perdidxs que hace unos años. Por eso creemos que solo a través de una educación sexual integral podríamos salir de la confusión y avanzar hacia una vida sexual más plena.

Si algo tenemos claro es que el futuro es incierto, aunque puede que lo estés imaginando como una distopía donde toda nuestra sexualidad se produzca a través del móvil, con inteligencias artificiales o con droides. Una versión de *Regreso al futuro* donde la sexualidad se manifestaría a través de hologramas o robots humanoides, y donde el DeLorean no sería solo un coche, sino una máquina para explorar la sexualidad en todas sus dimensiones.

Los avances hoy en día son imparables y tienen tanto pros como contras, lo que cambia es cómo los utilizamos.

Lo más probable es que, al visibilizar realidades que hasta la fecha se mantenían en la sombra, prestemos atención a lo que nos rodea y seamos más sensibles ante cuestiones que antes pasaban desapercibidas, como el lenguaje inclusivo, la transfobia o las relaciones de poder que dan pie a desigualdades entre las personas (lo que consideramos como relaciones tóxicas). Como ejemplo, te sugerimos que vuelvas a ver la película *Pretty Woman* –o la veas por primera vez– con ojos del siglo xxi: es probable que veas de distinta manera algunas escenas, conforme a tu forma de pensar actual.

Con todo lo que sabemos de la evolución del ser humano y su sexualidad no podemos prever qué pasará en los próximos años, aunque tenemos algunas pistas de que la investigación de la sexualidad seguirá evolucionando a través de la realidad virtual, la inteligencia artificial y los robots (quizás las hipótesis anteriormente planteadas no iban mal encaminadas), y que llegará incluso al ámbito terapéutico.

Pero lo que debes tener claro es que, cuanto más te dediques a tu sexualidad en el presente, más la disfrutarás en tu futuro.

Cómo nace la sexología moderna

La sexualidad se ha practicado, ilustrado, cantado y esculpido desde el principio de los tiempos (de hecho, en la cueva de los Casares en Guadalajara, España, puede verse la escena de un coito paleolítico), pero la sexología moderna es una ciencia muy joven en comparación con sus «hermanas». La primera vez que se habló de ella fue en 1907, hace poco menos de 120 años, de la mano de Iwan Bloch, dermatólogo y científico alemán.

Para que te hagas una idea de cuán reciente es: ese mismo año Pablo Picasso introdujo el cubismo; dos años antes, Albert Einstein formuló la teoría de la relatividad y, un año después, Walter Nernst creó la tercera ley de la termodinámica. Fueron años de enormes descubrimientos, sí, pero es sorprendente que la sexualidad llegara hace tan poco, tratándose de algo que nos ha acompañado toda la historia de la humanidad.

Poco antes de acuñar el término «sexología», ya había iconos de la época que daban que hablar sobre el asunto: en 1905 se publicó *Tres ensayos sobre teoría sexual*, obra principal del padre del psicoanálisis, Sigmund Freud, que introdujo la teoría psicosexual y, poco después, el concepto de «libido».

La moralidad de la sociedad norteamericana fue uno de los inconvenientes que encontró al presentar sus teorías. Aunque lo verdaderamente revolucionario de su filosofía es que, a partir de ella, se dejó de concebir el sexo como algo meramente genital y físico: la sexualidad es parte del desarrollo y de la vida de las personas desde que nacen. Y, sobre todo, el placer es central en la actividad psíquica de la persona.

«Llamamos perversa a una práctica sexual cuando se ha
renunciado a la meta de la reproducción y se persigue
la ganancia del placer como meta autónoma.»

— Freud, S. (1933), *CLXVII Nuevas Lecciones Introductorias al Psicoanálisis.*

Por curiosas que nos parezcan en la actualidad las teorías de Freud,
lo más rompedor llegaría más adelante gracias a un psicólogo
estadounidense. Entre 1948 y 1953, después de realizar miles y miles
de entrevistas profundamente íntimas, Alfred Kinsey teorizó que la
orientación sexual no era binaria (hetero-homosexual), sino fluida.

Mediante su escala, Kinsey planteaba un modelo donde, por un
lado, se encontraba la heterosexualidad, por el otro, la homosexualidad,
y, en medio, un espectro de posibilidades, como la bisexualidad. Kinsey
estimó que el 10 % de la población estadounidense era homosexual y que
alrededor del 46 % manifestaba excitación ante diferentes géneros.[7]

Y aunque sus hallazgos fueron inmediatamente juzgados en medios
sensacionalistas por lo controvertidos que resultaban para la época, fue
el primero en romper con la idea de que la sexualidad se regía por un
modelo binario estático. A raíz de los estudios de Kinsey se hizo posible
la conversación acerca de una sexualidad más variable y menos dual, lo
que ha evolucionado hasta hoy.

[7] Kinsey, A. C., Pomeroy, W. R., Martin, C. E., «Sexual behavior in the human male. 1948»,
American Journal of Public Health, 93(6), 2003, páginas 894-898.

Sin desmerecer el trabajo de Kinsey, pero viéndolo con perspectiva, la sexualidad humana es mucho más compleja y diversa de lo que su escala sugiere. No se trata solo de un gradiente binario estático entre una sexualidad u otra, sino que existe una amplia gama de identidades sexuales y de género. Se trata de un abanico de diversidad que no se puede medir con una escala única o categorías y en el que todxs tenemos cabida.

Más adelante, entre 1957 y 1965, el ginecólogo William Masters y la psicóloga Virginia Johnson, pioneros de los estudios sobre la respuesta sexual humana, observaron en un laboratorio a 382 mujeres cis (cis es la abreviatura de cisgénero, palabra que se utiliza para describir a una persona cuya identidad de género y sexo asignado al nacer son el mismo) y 312 hombres cis manteniendo relaciones íntimas de diferentes tipos.

Después de su labor de observación y recopilación de datos, describieron por primera vez las cuatro fases en la respuesta sexual: excitación, meseta, orgasmo y resolución. Además, sus resultados arrojaron luz específicamente sobre la excitación sexual, el orgasmo e incluso la multiorgasmia en mujeres cis. Su investigación barrió estereotipos enquistados y arrojó hallazgos como el papel destacado del clítoris en el orgasmo, desterrando el ideal del «orgasmo vaginal» freudiano, o que la sexualidad femenina no es inferior ni menos intensa que la masculina.

«En un área donde no se sabía nada, la medicina tuvo que basarse en la tradición social.»

— Johnson, V., citada por Ellis, A., «Best of the Century», *Psychology Today*, 1999.

Fases en la respuesta sexual

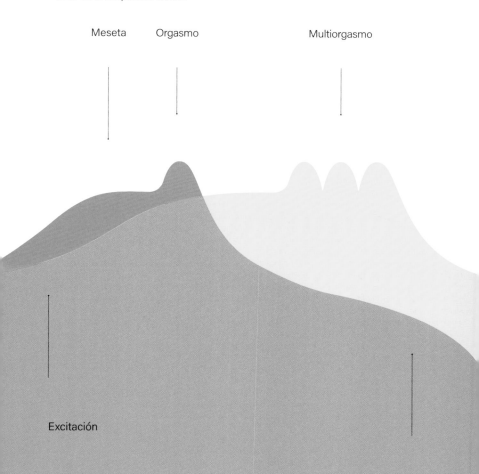

Meseta   Orgasmo   Multiorgasmo

Excitación

Resolución

¿Por qué es importante entender la sexualidad?

«Agénero», «intersexual», «poliamor», «demisexual»... Son términos que pueden haber salido en una conversación en la que participabas y te han sonado a otro idioma. Incluso puede que sintieras cierto agobio o rechazo y hayas acabado juzgando esa conversación como algo que no iba contigo.

Esa sensación es totalmente válida. Nuestra sociedad y las discusiones en torno a la sexualidad avanzan como un tren bala, pero la educación sexual que recibimos parece avanzar a la velocidad de un carruaje tirado por caballos: es lenta y está desactualizada. O, directamente, es confusa y poco precisa, como suele ocurrir con la información que leemos en las noticias, que termina alejando aún más la sexualidad en vez de hacerla accesible a la gran mayoría de personas.

A diario nacen neologismos y etiquetas que describen cada vez más minuciosamente las circunstancias diversas y plurales de las personas. Y, aunque nos parezcan limitantes o poco necesarias, legitiman realidades que no podrían existir social y jurídicamente sin definirse.

Por ejemplo, sin la palabra «transgénero», el colectivo trans, así como sus vivencias y derechos, estaría completamente invisibilizado y sería blanco fácil para la opresión. Recuerda que de lo que no se habla, no existe.

Esta necesidad de entender la sexualidad nos ha impulsado a crear una colección de libros con información clara y transparente, para entender qué significa y, sobre todo, qué no significa cada cosa. Para acoger la diversidad y acercarnos a ella desde la curiosidad y la empatía. Y, de paso, mantener las amistades.

Y es que cuando desconocemos o no comprendemos algo, en ocasiones, nuestra actitud hacia ello no es muy amable, sino más bien inquisitoria, y estamos dando vía libre a los prejuicios y discriminaciones, pero también a la toma de decisiones de riesgo, al malestar...

Así que, teniendo en cuenta que saber es poder, lo ideal es que busquemos el aprendizaje continuo.

Tres claves de la sexualidad

Antes de despegar, hay que tener en cuenta conceptos importantes acerca de la sexualidad que te acompañarán a lo largo de todo este viaje. Son ideas que, de ahora en adelante, te animamos a que memorices para que puedas entender que, a diferencia de lo que creías, el cosmos sexual es infinito:

No es binaria, es fluida: aunque en Occidente estamos acostumbradxs a pensar por opuestos, en la sexualidad raramente hay algo blanco o negro. Más bien es una dimensión fluida, como la escala cromática.

No es rígida, es cambiante: a veces creemos que nuestra sexualidad, así como nuestro carácter y las decisiones que tomamos, nos define. Por ejemplo, si en algún momento de la vida hemos perdido el deseo o apenas lo sentimos, eso supuestamente indicaría que somos personas desapegadas de todo lo erótico, pero no es así. La sexualidad es dinámica y cambiante, evoluciona con nosotrxs y se transforma a lo largo de toda nuestra existencia. ¿Acaso siempre te ha gustado la misma comida?

No es uniforme, es diversa: la humanidad es compleja; las vicisitudes a las que nos enfrentamos a lo largo de nuestra vida nos hacen ser quienes somos. Nadie es igual, ni siquiera personas con el mismo ADN, la misma familia y las mismas vivencias. Las personas somos diversas, igual que nuestra sexualidad: es plural y variopinta. Y descubrir la tuya propia es el trabajo de una vida.

Introducción

Aunque seguro que es algo que te resulta familiar, queremos darte oficialmente la bienvenida a una de las temáticas más debatidas de todos los tiempos: el orgasmo. Porque, por mucho que se hable de él, bien entre líneas, bien con pancartas, desde la censura o las revoluciones, es un gran desconocido. Esta experiencia, un poco misteriosa, ha intentado ser descifrada por el arte, la literatura o los medios de comunicación a lo largo de la historia.

Lo que sí sabemos acerca del orgasmo es que es una vivencia compleja hasta el punto de que, en francés, una de sus partes –el periodo refractario– se conoce como la «*petite mort*» (o pequeña muerte). También sabemos que es capaz de mejorar nuestra salud física y mental, cambiar nuestro estado de ánimo, relajarnos instantáneamente, ampliar nuestro imaginario erótico o empoderarnos, entre un sinfín de beneficios más. Eso sí, todo ocurre en cuestión de segundos. Y tal como ha venido, el clímax se va.

Lo que tenemos en común todos los seres humanos es que en algún momento de nuestra vida acabamos persiguiendo con más o menos afán este fenómeno fascinante. Aún así, el orgasmo no lo es todo, ya que –pese a que sea la cumbre del placer– el proceso puede ser maravilloso con o sin él.

Existe un sinfín de preguntas que rodean al orgasmo, una de las mayores expresiones de placer de la naturaleza. ¿Todo el mundo siente el orgasmo de la misma manera? ¿Por qué hay gente que no sabe si ha tenido un orgasmo? ¿Existen diferentes tipos de orgasmos? ¿Hay quien no puede experimentarlo nunca?

La intención de este libro es diseccionar el concepto, hacerte viajar a través de su historia, proporcionarte información que quizás desconocías, proponerte preguntas que acaso ni te planteabas y diferenciar conceptos que se pueden malinterpretar. ¿Te quedas para aprender más sobre uno de los placeres más buscados? ¡Vamos allá!

Primera parte

CONOCE MEJOR EL ORGASMO

¿Qué es el orgasmo?

Intentar explicar el orgasmo es una tarea muy complicada. ¡Las palabras o metáforas para describirlo son incontables! Aunque el significado es el mismo: una fuerza arrolladora que nos da muchísimo placer y que podemos definir como el clímax de la excitación sexual.

La única pega es que pasa en un abrir y cerrar de ojos. Esa experiencia poderosa y evanescente es, en muchas ocasiones, más fugaz de lo que nos gustaría. Como resultado, en nuestro cuerpo y mente pasan infinitas cosas que nos dejan... ¡KO de gusto!

Sorprendentemente, el orgasmo sigue siendo una esfera de la sexualidad muy desconocida, casi tan inexplorada como el océano, con la diferencia de que lo tenemos mucho más a mano. Lo que sí sabemos es que puede desencadenarse por diferentes razones, tanto eróticas como no eróticas, y/o por la estimulación de diferentes zonas del cuerpo, no necesariamente los genitales. También puede tener una duración e intensidad completamente diferentes, no aparecer nunca o repetirse más de una vez en el mismo encuentro erótico, lo que se conoce como multiorgasmia (te lo explicaremos más adelante, no tengas prisa).

El orgasmo es un reflejo que se genera en el cerebro y se manifiesta en el cuerpo como una intensa descarga de energía. ¡Hay mucho más erotismo entre tus orejas que entre tus piernas!

No negaremos que una de las razones que nos motivan a la hora de tener un encuentro sexual es la posibilidad de llegar al orgasmo. Aunque lo cierto es que este fenómeno tan placentero es solo una de las partes de la respuesta sexual. El sexo tiene tanto que ofrecer que darle el único papel protagonista al actor que aparece solo entre 10 y 60 segundos[8] en la película no parece tener mucho sentido, ¿no crees?

Piénsalo. ¿Nunca te ha pasado que, yendo de viaje, con ganas de llegar a tu destino, por el camino te han sucedido cosas increíbles que te han hecho disfrutar (incluso más) del trayecto? Escuchar tu música favorita, conocer gente, escribirle a alguien importante en tu vida contándole la experiencia... El hecho de disfrutar de todos y cada uno de los momentos se puede aplicar tanto a viajar como al sexo: el beso que da comienzo a todo, cálido y húmedo, la piel de gallina que deja el roce de los labios, las caricias que recorren el cuerpo, los susurros, los gemidos... Lo bonito es disfrutar de cada segundo de estas experiencias.

[8] Wise, N. J., Frangos, E., Komisaruk, B. R., «Brain Activity Unique to Orgasm in Women: An fMRI Analysis», *The Journal of Sexual Medicine*, 14(11), 2017, páginas 1380-1391.

El orgasmo en el pasado:

de lo divino a lo prohibido

Puede que hoy día el orgasmo se haya convertido en algo tan normal que incluso nos sentimos cómodxs hablando de él entre amigxs o en una comida familiar (¿por qué no?). Pero ¿qué pensarías si te dijéramos que no siempre se ha sido concebido como algo positivo? A lo largo de la historia todo lo relativo al placer, y más concretamente al orgasmo, se ha interpretado de maneras diferentes, tanto dentro de una misma cultura como en sociedades diferentes.

Si nos acompañas en este repaso a lo largo de la historia, verás cómo la idea del orgasmo ha ido cambiando y reflejando los valores y creencias de cada época. Empecemos por el Antiguo Egipto, nuestra etapa favorita en cuanto a la concepción del sexo se refiere, ya que en ella se consideraba un elemento básico de la vida. El orgasmo ocupaba un lugar destacado en el ritual sexual, ya que se valoraba por sus beneficios para la salud y el bienestar emocional. Ambas cosas se consideraban tan importantes como dormir y comer. ¡Ellxs sí que sabían disfrutar de la vida! De hecho, consideraban el sexo el principio de todo, al estar directamente relacionado con el origen de la existencia, como sabemos por sus creencias religiosas: según la religión egipcia de aquella época, a partir del semen del dios Ra nacieron los primeros seres divinos.[9]

En la Antigua Grecia, esta idea avanzó todavía más: el sexo se practicaba de forma libre bajo un concepto de placer infinito. Si lo equiparamos con la comida, vivir en aquella época era comparable a un buffet libre de hoy. Solo que, en vez de tener un sinfín de opciones deliciosas, era una barra libre de orgasmos. Además, algo peculiar de esta época era que el matrimonio iba ligado al placer sexual, y de una manera muy equitativa, ya que para que ese placer se experimentara plenamente en la pareja, los dos miembros debían sentirlo por igual.[10]

Así es, nuestros ancestros vivían una sexualidad muy distinta a la actual, sobre todo si tenemos en cuenta las ataduras sociales que nos rodean. Así que es normal que te preguntes en qué momento cambió todo. Resulta que, en la época romana, el placer sexual (sobre todo el de las mujeres) quedó relegado a un segundo plano. De hecho, incluso se premiaba que concibieran sin sentir placer erótico y orgasmos.[11] El sexo había comenzado a entenderse como algo meramente funcional y reproductivo, dejando el clímax totalmente de lado. Este retroceso pasaría especial factura a las mujeres y al conocimiento de su propio cuerpo, como te explicaremos más adelante en el apartado «Orgasmo vs. eyaculación» (ver página 58).

Lo que empezó como una instrumentalización del sexo, puramente reproductiva, acabó de consolidarse en la Edad Media, cuando la Iglesia católica demonizó la búsqueda del placer. El deseo sexual se llegó a considerar casi una enfermedad y, por tanto, el valor por el que se abogaba era el de la castidad. Una serie de ideas que terminaron por definir el

[9] Redon Booth, C., *The Myth of Ancient Egypt*, Amberley Publishing, Stroud, 2011.

[10] [11] Redondo Moyano, E., «La imagen de la sexualidad en la novela griega antigua», *Minerva: Revista de filología clásica*, 2002-2003, páginas 53-76.

comportamiento sexual de la sociedad occidental, reprimiendo por completo un aspecto tan importante que resultó clave como parte del estricto control social de la época. Fue en este momento de la historia cuando el orgasmo de las mujeres atravesó su periodo más oscuro.

Llegó a ser considerado como algo sospechoso, hasta el punto de que se contemplaba como una forma de brujería.[12] Poco después, en el otro extremo del mundo, en Japón, la literatura erótica hacía acto de presencia. Fue en el periodo Edo (1603-1868) cuando surgió el *Shunga*, que representaba escenas explícitas de sexo y orgasmos principalmente dirigidos a hombres y que no reflejaban la experiencia del orgasmo en mujeres.

Por suerte, no hay mal que mil años dure (aunque sí unos cientos, por lo que hemos comprobado) y la Revolución industrial trajo consigo una serie de cambios radicales, entre los que se incluía el papel del sexo en la sociedad. La sexualidad empezó a ser más accesible y menos tabú. Gracias a la urbanización y a la industrialización, se consiguió el acceso a productos manufacturados y, por tanto, a una mejora en las condiciones de vida. Esto puso en valor, por fin, el placer sexual. Fue un pequeño paso para el placer, aunque enseguida se vio entorpecido por algunos detractores, como el médico británico William Acton, que publicó un influyente tratado sobre la sexualidad[13] en 1857 en el que afirmaba que las mujeres no disfrutaban tanto como los hombres y que el orgasmo «femenino» era innecesario para la reproducción. Con esas ideas, ¿cómo ser capaces de dar rienda suelta al placer? Aun así, no todo es tan malo, pues unas décadas más tarde hubo un gran avance inesperado relacionado con el tratamiento de la

[12] Harvey, K., *The Fires of Lust: Sex in the Middle Ages*, Reaktion Books, Londres, 2021.

[13] Acton, W., *Prostitution, considered in its Moral, Social, and Sanitary Aspects, in London and other large Cities, with Proposals for the Mitigation and Prevention of its Attendant Evils*, John Churchill & Sons, Londres, 1857.

En la época victoriana, la histeria era una de las enfermedades más comunes entre las mujeres de clase media-alta. Para aliviar sus síntomas, los médicos y terapeutas ofrecían tratamientos que consistían en masajear manualmente el clítoris y la vulva de la paciente para inducir un orgasmo. Este tratamiento se conocía como «masaje pélvico» o «masaje genital».

histeria. El médico Joseph Mortimer Granville desarrolló una teoría según la cual, gracias a los avances tecnológicos, podía tratar a sus pacientes para que dejaran de sufrir dolor. Sus «tratamientos» de masturbación asistida contra la histeria se hicieron muy populares, tanto que, en 1902, su invento se empezó a comercializar: asistimos a la aparición del primer vibrador.[14] Casi tiene todo el sentido del mundo que poco después, en los años 60, llegase la ansiada liberación sexual.

[14] Daleno, M., «El nacimiento del vibrador, un tratamiento médico contra la histeria», *Historia National Geographic*, 2022.

¿Cómo se siente el orgasmo?

Para muchas personas, el orgasmo es un absoluto desconocido. De hecho, una de las preguntas más repetidas en las consultas de sexología es: «¿Cómo sé si he tenido un orgasmo?». Que no cunda el pánico si tú también te lo has preguntado. La sensación de cómo se siente el orgasmo puede ser mucho más controvertida de lo que parece.

Para que tengas una imagen verosímil del orgasmo, imagínatelo como un estornudo. Hay un momento de acumulación de tensión, un punto álgido y un punto de inflexión en el que se libera ese impulso. Si seguimos con este símil, sabemos que también los estornudos se pueden ver interrumpidos, ser menos intensos de lo que esperamos o incluso pueden aparecer varias veces seguidas. ¿Es posible que hayas experimentado estornudos más fuertes que otros? Ahí lo dejamos...

Podemos decir que el orgasmo tiene un lado objetivo y otro lado subjetivo. El primero es medible, ya que se puede observar a través de cambios corporales. Entre ellos están el placer intenso, la contracción intermitente de los músculos pélvicos, la aceleración del ritmo cardíaco y de la frecuencia respiratoria o la dilatación de las pupilas, entre otros.

El lado subjetivo del orgasmo es más difícil de medir, ya que tiene que ver con sensaciones y percepciones intangibles y difícilmente cuantificables. Cada persona lo siente de una manera diferente, por eso hay quienes sienten una fuerte descarga de tensión, quienes tienen una leve pérdida de consciencia transitoria, quienes perciben un placer prolongado, quienes gimen y quienes lo experimentan en riguroso silencio. Estos son solo algunos ejemplos, puede que tu manera de sentirlo sea diferente a las que hemos recogido, y es que la respuesta de cada persona varía, incluso según la situación o el momento de su vida.

Con todo lo comentado hasta ahora, creemos que es importante que no te dejes guiar por ideas preconcebidas del orgasmo o las expectativas que pueden haberte creado libros, canciones, series o películas. Porque pueden asemejarse a tu vivencia o, por lo contrario, no tener nada que ver. Dedicándote a descubrir tu cuerpo, entendiendo qué es lo que te despierta el placer y cómo lo vives y experimentas, podrás conocer tu propio placer.

¿Alguna vez has sentido una sensación de tristeza tras un orgasmo? Si es así, no estás ni solx ni locx. El *post sex blues*, o tristeza postcoital, es una reacción emocional transitoria que experimenta el 46 % de las personas[15] en algún momento de su vida sexual. Consiste en sentir tristeza, sin aparente motivo, tras mantener relaciones tanto a solas como compartidas. Si te pasa, no te asustes, el *post sex blues* no es más que una reacción fisiológica de nuestro cerebro ante un estímulo intenso debido a un desajuste hormonal repentino.

[15] Schweitzer, R. D., O'Brien, J., Burri, A., «Postcoital Dysphoria: Prevalence and Psychological Correlates», *Sexual Medicine*, 3(4), 2015, páginas 235-243.

Un dato curioso sobre el orgasmo

Si esto de la tristeza postorgasmo te ha llamado la atención, tenemos otro dato que no deja indiferente. ¿Cuál es la duración media para llegar al orgasmo? Aunque depende de muchos factores –el estrés, la ansiedad, una vida sedentaria, una mala alimentación, o el propio cansancio pueden afectar al tiempo que tardas–, una investigación de 2020 concluyó que, para las mujeres cis, la media es de 13 minutos y aproximadamente el 70 % de ellas necesitan una estimulación del clítoris[16] para alcanzarlo, mientras que, en el caso de los hombres cis, la duración media es de entre 5 y 6 minutos.[17]

En este estudio en concreto, el tiempo se midió a partir del inicio del coito, no antes. Así que no solo sigue siendo una incógnita, sino que no podemos evitar preguntarnos si esos tiempos serían los mismos si, además de la penetración, se analizaran también las caricias, los besos y otras prácticas que estimulan diferentes zonas del cuerpo, además de los genitales. Aunque el dato es interesante, te recomendamos que te olvides de cronómetros y de las cuentas atrás, ya que lo que verdaderamente debe interesarte es disfrutar, sin mirar el reloj.

Podemos imaginar el sexo como una danza donde cada movimiento y la armonía entre bailarinxs son lo que realmente importa. El orgasmo sería solo un paso más en este baile de placer.

---

[16] Bhat, G. S., Shastry, A., «Time to Orgasm in Women in a Monogamous Stable Heterosexual Relationship», *The Journal of Sexual Medicine*, 17, 2020, páginas 749-760.

[17] Waldinger, M. D., McIntosh, J., Schweitzer, D. H., «A five-nation survey to assess the distribution of the intravaginal ejaculatory latency time among the general male population», *The Journal of Sexual Medicine*, 6(10), 2009, páginas 2888-2895.

Orgasmo *vs.* eyaculación

La falta de educación sexual que arrastramos a menudo nos hace creer que el orgasmo y la eyaculación van de la mano. Sobre todo, en el caso del pene. Sin embargo, se trata de fenómenos distintos que no siempre se presentan a la vez, y es que existen tanto el orgasmo sin eyaculación como la eyaculación sin orgasmo. Esta última es un proceso fisiológico complejo que se compone de dos fases (emisión y expulsión) y está influenciado por vías neurológicas y hormonales diferentes a las del orgasmo.

Para ejemplificarlo, hablemos de las poluciones nocturnas y el orgasmo seco. Las primeras consisten en una emisión de fluidos que se produce durante el sueño y en las que no interviene necesariamente un sueño erótico.[18] Es decir, se trata de una eyaculación no vinculada al erotismo. Asimismo, existen los orgasmos secos, que se producen cuando mantenemos relaciones sexuales de cualquier tipo y llegamos al clímax sin eyacular.

Por otro lado, si te interesa saber más acerca del control de la eyaculación, te sugerimos que investigues sobre el uso del *mindfulness* aplicado al sexo, es decir, el sexo consciente, que es un elemento clave para esta práctica.

[18] Yu, C. K.-C., Fu, W., «Sex dreams, wet dreams, and nocturnal emissions», *Dreaming*, 21(3), 2011, página 197.

Squirt vs. orgasmo

A diferencia de lo que popularmente se cree, el orgasmo y el *squirting* son fenómenos completamente diferentes e independientes que, en ocasiones, pueden ir de la mano y presentarse simultáneamente.

Por lo general, estamos acostumbradxs a retener la orina durante nuestros encuentros sexuales y solemos tener orgasmos sin *squirting*, pero, durante la fase del orgasmo o el placer sexual, es posible experimentar la relajación del esfínter urinario, lo que conlleva una pérdida del control de retención y que tiene como resultado el *squirting*.[19]

[19] Pastor, Z., Chmel, R., «Female Ejaculation and Squirting As Similar But Completely Different Phenomena: A Narrative Review of Current Research», *Clinical Anatomy*, 1-10 2022.

El *squirting* es la expulsión a través de la uretra de un líquido muy parecido a la orina que se suele dar en proximidad del orgasmo o en momentos de intenso placer sexual. Eso significa que, haya o no orgasmo, puede haber expulsión de *squirt*. Asimismo, se puede llegar al orgasmo sin que haya *squirt*.[20] Se estima que alrededor de un 5 % de personas experimenta *squirting* en sus relaciones sexuales.[21]

La diferencia de este fluido respecto al semen es que es inoloro, incoloro y no mancha. En su mayor parte, está compuesto por agua, aunque contiene restos de urea, creatinina y ácido úrico, ya que se mezcla con los restos de orina de la uretra.[22]

[20] Pastor, Z., Chmel, R., «Female Ejaculation and Squirting As Similar But Completely Different Phenomena: A Narrative Review of Current Research», *Clinical Anatomy*, 1–10, 2022, págs. 616-625.

[21] Masters, W., Johnson, V., Kolodny, R., *Human sexuality*, Scott Foresman, Chicago, 1988.

[22] [1] Pastor, Z., Chmel, R., *idem*. [2] Salama, S., *et al*., «Nature and Origin Of "Squirting" In Female Sexuality», *Journal of Sexual Medicine*, 12, 2015, pág. 661-666. [3] Pastor, Z., Chmel, R., «Differential Diagnostics of Female "Sexual" Fluids: A Narrative Review», *International Urogynecology Journal*, 29, 2018, páginas 621-629.

Tipos de orgasmos: ¿cuántos hay?

Hemos perdido la cuenta de las veces que hemos escuchado que existen dos tipos de orgasmos: el vaginal y el clitorial, y que son excluyentes. Algo así como que si tienes uno, no puedes pertenecer «al otro equipo».

Aunque te hemos explicado que el lado subjetivo del orgasmo hace que cada persona lo sienta de manera distinta, el orgasmo, de forma objetiva, es uno y se genera en la mente, prueba de que tu verdadero órgano sexual es el cerebro.

Imagínate volviendo a casa. Probablemente existen diferentes combinaciones que puedes tomar para llegar a ella, pero es posible que el camino que siempre escoges sea solo uno, sin que importe el motivo. Con el clímax sucede algo similar: solemos tener un medio favorito que se convierte en el más utilizado.

Es importante entender que no existe un orgasmo «clitorial», «anal», «prostático», etc., sino que existe el orgasmo por estimulación clitorial, anal, prostática... ¿Por qué es importante matizar esto? Porque en muchas ocasiones nos pesa la autoexigencia sobre nuestra respuesta sexual, hasta el punto de que no llegar al orgasmo por determinada vía se convierte en motivo de agobio y frustración.

El orgasmo es igual de válido (y, posiblemente, placentero) si se alcanza por una vía u otra, indiferentemente de cuál de ellas está involucrada.

Orgasmo «vaginal» *vs.* orgasmo «clitorial»

A pesar de que el orgasmo se produce en el cerebro, sin importar la parte del cuerpo o situación que lo desencadena, las sensaciones orgásmicas por activación vaginal (VAO) se describen como más difusas y duraderas, mientras que las sensaciones orgásmicas por activación clitorial (CAO) se describen como más localizadas, superficiales y menos duraderas.[23]

Esto se debe a la zona del cuerpo implicada. En el caso de la vagina, la participación del suelo pélvico es mayor, por tanto, tenemos sensaciones más intensas. También influyen las creencias que tenemos acerca del orgasmo y las prácticas sexuales: a pesar de tener orgasmos con mayor facilidad por el glande del clítoris, socialmente la penetración tiene una presencia e importancia increíble. Una vez más, las creencias sociales y los mitos interfieren y definen la penetración vaginal como «el sexo de verdad», lo cual puede afectar al placer sexual y cómo lo sentimos.

Según las investigaciones, aunque las mujeres cis alcanzan el orgasmo más fácilmente a través de la estimulación directa del clítoris

[23] [1] Komisaruk, B. R., *et al.*, «Brain activation during vaginocervical self-stimulation and orgasm in women with complete spinal cord injury: fMRI evidence of mediation by the vagus nerves», *Brain Research*, 1024, 2004, páginas 77-88. [2] Komisaruk, B. R., Beyer-Flores, C., Whipple, B., *The science of orgasm*, Johns Hopkins University Press, Nueva York, 2006.

que a través del coito vaginal, muchas desean el último más que el primero.[24] Aún así, las relaciones sexuales con penetración tienen una influencia más fuerte en la satisfacción sexual que otras prácticas, como el sexo oral, la estimulación manual o la masturbación a solas.

Otro dato: durante las relaciones sexuales con penetración, solo alrededor de un tercio de todas las mujeres cis experimentan un orgasmo. Cuando se añade el clítoris a los juegos, 8 de 10 lo alcanzan.[25]

La idea de que las mujeres cis experimentan orgasmos con facilidad durante el coito es una concepción errónea que influye en la evaluación subjetiva de la propia sexualidad por parte de estas: se sienten mucho mejor cuando ocurre y culpables cuando no, lo que conlleva que los orgasmos a través de la estimulación clitorial, para muchas personas, sigan siendo «de segunda categoría», aunque no haya evidencia que indique que son menos placenteros.[26]

[24] Hoy, M., van Stein, K., Strauss, B., Brenk-Franz, K., «The influence of types of stimulation and attitudes to clitoral self-stimulation on female sexual and orgasm satisfaction: A cross-sectional study», *Sexuality Research and Social Policy*, 1-12, 2021, páginas 1205-1216.

[25] Prause, N., Kuang, L., Lee, P., Miller, G., «Clitorally stimulated orgasms are associated with better control of sexual desire, and not associated with depression or anxiety, compared with vaginally stimulated orgasms», *The Journal of Sexual Medicine*, 13(11), 2016, páginas 1676-1685.

[26] Hoy, M., *idem*.

La creencia de que existen orgasmos vaginales y orgasmos clitoriales viene de lejos. Históricamente, surgieron hipótesis que situaron el centro del placer tanto en la vagina como en el clítoris. Finalmente se impuso una de ellas, que resultó ser la responsable de que hoy día se siga teniendo esta idea errónea acerca de la facilidad con la que se alcanzan los orgasmos vaginales.

En la década de 1900, Sigmund Freud, padre del psicoanálisis, comenzó a estudiar la sexualidad humana en profundidad y llegó a la conclusión de que el orgasmo «femenino» era un fenómeno complejo y misterioso. En su libro *Tres ensayos sobre la teoría sexual*, afirmó que el orgasmo de una mujer madura y sana estaba centrado en la vagina. Según Freud, el orgasmo alcanzado por vía clitorial era infantil, parcial y hasta relacionado con un trastorno mental, de manera que, si una mujer no sentía la vagina como centro del placer, era etiquetada de «frígida».[27]

Aunque resulte difícil de creer, esta teoría, que fue aceptada y apoyada por más expertxs, tiene eco en nuestros días, y es que cuesta mucho desprenderse de la idea de dualidad del orgasmo.

[27] Freud, S., *Tres ensayos sobre teoría sexual*, Alianza Editorial, Madrid, 2011.

Orgasmos no genitales: ¿puedes tener uno sin tocarte?

Científicamente está demostrado que podemos experimentar orgasmos sin tocar nuestros propios genitales, incluso en situaciones que no tienen nada que ver con el erotismo.

Uno de los tipos más comunes es el orgasmo (y placer sexual) inducido por el deporte, llamado *coregasm*, que puede desencadenarse realizando actividades como levantar pesas, ir en bicicleta y hacer abdominales. Este fenómeno lo experimenta un 10 % de la población,[28] así que ya tienes una razón más para apuntarte al gimnasio y averiguar si formas parte de ese porcentaje.

Sin embargo, si lo tuyo es meditar, durante esta práctica también es posible alcanzar el clímax,[29] especialmente porque se trata de un momento de conexión emocional intensa. Pero eso no es todo, también se pueden tener orgasmos por estimulación de otras zonas, como los senos, los pies y las orejas, así como de otras partes del cuerpo en las que raramente pensamos para tal cometido.[30]

¡Ni siquiera el sueño te exime de tener una buena sesión de placer erótico! Y es que el 66,3 % y el 41,8 % de hombres y mujeres cis,[31] respectivamente, ha experimentado orgasmos durante el sueño,[32] con o sin sueño erótico. Para la mayoría de las personas ocurre entre diez y menos veces a lo largo de su vida. Así que, si aún no te ha pasado, todavía estás a tiempo de alardear de ello.

[28] Herbenick, D., Fortenberry, J. D., «Exercise-induced orgasm and pleasure among women», *Sexual and Relationship Therapy*, 26(4), 2011, páginas 373-388.

[29] [30] [31] [32] Herbenick, D., Barnhart, K., Beavers, K., Fortenberry, D., «Orgasm range and variability in humans: A content analysis», *International Journal of Sexual Health*, 30(2), 2018, páginas 195-209.

El orgasmo durante el sueño

66,3%

41,8%

Mujeres cis

Hombres cis

Por si todo esto te parece poco, también hay personas que han descrito orgasmos mientras comían platos concretos o apreciaban la textura de algunos alimentos. Otros orgasmos singulares han tenido lugar cepillándose los dientes, rascando la picadura de un mosquito y hasta dando a luz (un fenómeno llamado *birthgasm*). Incluso algo tan habitual como escuchar música o leer ha llegado a provocar ese nivel de placer debido a la estimulación intelectual o emocional que producía.[33]

Pero, si existen tantas maneras de llegar al orgasmo, ¿por qué te estás enterando ahora de la mayoría de ellas? Por dos razones: la primera, porque es posible que las hayas experimentado sin darte cuenta, y la segunda, porque, al tratarse de experiencias poco comunes, hay personas que deciden no compartirlas por una sensación de culpa o vergüenza.

La conclusión es que todas estas evidencias y testimonios son la prueba de que el orgasmo es mucho más de lo que pensamos y no se limita solo a ser una respuesta exclusivamente sexual, sino que puede presentarse tras una variedad increíble de estímulos.

[33] Herbenick, D., *et al.*, *idem.*

El (placentero) mundo de la multiorgasmia

Una de las curiosidades más sorprendentes del cuerpo es su capacidad para no tener solo uno, sino dos, tres o más orgasmos consecutivos. Este fenómeno se empezó a estudiar a partir de 1948 gracias a Alfred Kinsey, uno de los pioneros en la investigación de la sexualidad, que llegó a una curiosa conclusión: en sus estudios, averiguó que el 14 % de las mujeres cis tenía la capacidad de experimentar multiorgasmos, así como un 8,3-9,1 % de los hombres cis.[34]

No obstante, aunque el orgasmo múltiple o multiorgasmia se estudia desde hace más de 50 años, todavía se sabe muy poco de él: ¿Qué se siente? ¿Por qué algunas personas lo experimentan y otras no? ¿Se puede entrenar?

[34] Kinsey, A. C., Pomeroy, W. R., Martin, C. E., «Sexual behavior in the human male. 1948», *American Journal of Public Health*, 93(6), 2003, páginas 894-898.

Quién experimenta multiorgasmos

Mujeres cis   14%   Hombres cis

8,3-9,1%

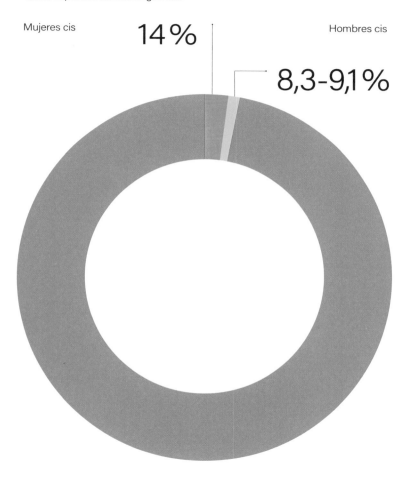

Preguntas frecuentes

¿Qué tipos de experiencia multiorgásmica existen?

Tuvieron que pasar 20 años desde las conclusiones de Kinsey para que el misterioso mundo del multiorgasmo dejara de ser tan secreto.

En 1966, William Masters y Virginia Johnson (ver página 30) revolucionaron la sexología moderna con sus estudios pioneros sobre la respuesta sexual. Lo que hicieron estxs sexólogxs fue indagar en profundidad acerca de la posibilidad de tener más de un orgasmo a la vez. Gracias a sus investigaciones –mediante la observación directa de parejas–, describieron minuciosamente dos tipos de orgasmos múltiples:[35]

• Los orgasmos repetidos, que se refieren a una serie de orgasmos separados por cortos períodos de descanso durante los cuales la excitación sexual decae y luego remonta hasta desencadenar otro.

• Los orgasmos secuenciales (también llamados status *orgasmus*), que serían experiencias orgásmicas prolongadas, de entre 20 y más de 60 segundos, en las cuales la excitación no decae.

¿Si tienes pene, puedes experimentar orgasmos múltiples?

Que esta pregunta se siga escuchando en la actualidad se debe a que, durante muchísimo tiempo, se ha asociado el multiorgasmo exclusivamente a la vulva. De hecho, existía una creencia muy extendida de que la pérdida de la erección imposibilitaba tener más orgasmos a la vez. Las investigaciones recientes, sin embargo, han demostrado que esto es falso. ¡Hurra!

---

[35] Masters, W., Johnson, V., *Human sexual response*, Little & Brown, Boston, 1966.

3.3-7%

Quién experimenta multiorgasmos

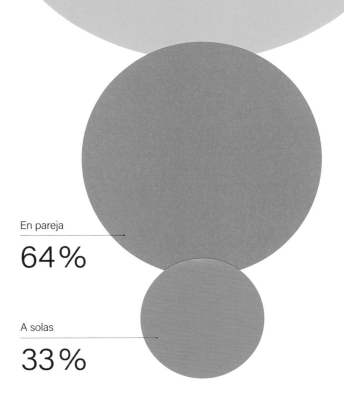

Quién experimenta multiorgasmos

En pareja
64%

A solas
33%

En dos investigaciones de principios de los años 2000 se averiguó que entre el 3,3 % y el 7 % de los hombres heterosexuales podían experimentar multiorgasmos[36] debido a que la erección se mantenía después de cada orgasmo, e incluso eyaculaban en cada ocasión.[37]

Entonces, ¿cómo se alcanza el multiorgasmo teniendo pene? Como todo en el sexo, no hay una fórmula mágica y cada persona es única. Aun así, la comunidad científica propone los siguientes consejos: evitar la eyaculación, utilizar juguetes eróticos o cambiar de pareja sexual (en caso de sexo grupal) para provocar el efecto Coolidge. Dicho efecto se produce al sentirnos más atraídxs cuando aparece una nueva pareja sexual. Esto se debe a que nuestros niveles de dopamina (la hormona de la motivación y recompensa) aumentan ante la posibilidad de una nueva relación sexual con una pareja nueva o diferente.

¿Todo el mundo puede tener orgasmos múltiples?

Si nos dieran a elegir, todxs querríamos multiplicar la cantidad de orgasmos para disfrutar lo máximo posible. Pero, aunque cada cuerpo es potencialmente capaz de proporcionar múltiples dosis de placer, ¿por qué hay personas que consiguen tener orgasmos múltiples y otras no? ¿A qué se debe esa diferenciación? ¿Intervienen factores externos?

[36] Haning, R. V., O'Keefe, S. L., *et al.*, «Empathic sexual responses in heterosexual women and men», *Sexual and Relation Therapy*, 23, 2008, páginas 325-344. [2] Haning, R. V., O'Keefe, S. L., *et al.*, «Intimacy, orgasm likelihood, and conflict predict sexual satisfaction in heterosexual male and female respondents», *Journal of Sex and Marital Therarpy*, 33(2), 2007, páginas 93-113.

[37] Griffin-Mathieu, G., Berry, M., Shtarkshall, R. A., Amsel, R., Binik, Y. M., Gérard, M., «Exploring Male Multiple Orgasm in a Large Online Sample: Refining Our Understanding», *The Journal of Sexual Medicine*, 18(9), 2021, páginas 1652-1661.

Queremos recordarte que el sexo no es como montar una estantería: no existen instrucciones claras. Aun así, según la ciencia, las mujeres cis que experimentan multiorgasmos con frecuencia tienen algunas cosas en común: se iniciaron en su juventud en la masturbación, son expertas en experimentar placer sexual tanto a solas como en pareja, tienen un amplio repertorio de actividades sexuales y fantasean más.[38] Por resumirlo de alguna manera, podría decirse que son personas conectadas íntimamente con su sexualidad y su placer.

¿Cómo es posible tener orgasmos múltiples?

Si alguna vez te has planteado esta duda, te ha pasado lo mismo que a la comunidad científica, razón por la que empezó a investigarlo.

Las circunstancias son un detalle interesante cuando se trata de experimentar orgasmos seguidos. En el 64 % de los casos ocurre cuando el placer se comparte con otra persona. Aunque hay un 33 % de ocasiones en las que sucede a solas,[39] una buena razón para seguir dedicándose tiempo a unx mismx. Además, hay otras condiciones que facilitan que se desencadene más de un clímax: estar de buen humor, sentirse cercanx a la pareja y, sobre todo, estar relajadx.

[38] Darling, C. A., Davidson, J. K., Jennings, D. A., «The female sexual response revisited: Understanding the multiorgasmic experience in women», *Archives of Sexual Behavior*, 20(6), 1991, páginas 527-540.

[39] Gérard, M., Berry, M., Shtarkshall, R. A., Amsel, R., Binik, Y. M., «Female Multiple Orgasm: An Exploratory Internet-Based Survey», *The Journal of Sex Research*, 58(2), 2021, páginas 206-221.

	Cómo se alcanza el multiorgasmo	

Estimulación manual
del clítoris — 82,1 %

Estimulación vaginal
con dedo/dildo — 31,8 %

Vibrador — 13,2 %

A solas — Cómo se alcanza el multiorgasmo — En pareja

Estimulación manual
del clítoris — 38,4 %

Estimulación oral — 35,1 %

Penetración — 34,7 %

Estando a solas, el multiorgasmo se consiguió con la estimulación manual del clítoris (en un 82,1 % de los casos), con la estimulación vaginal con dedos/dildo (31,8 %) y con el uso del vibrador (13,2 %). En pareja, fueron claves la estimulación manual del clítoris (38,4 % de los casos), la estimulación oral (35,1 %) y la penetración vaginal con pene (34,7 %).[40] Por otro lado, en 2020 se descubrió que el 90 % de las personas no detiene la estimulación o lo hace durante poquísimos segundos o minutos tras haber llegado al orgasmo. En las investigaciones sobre mujeres cis, un 58,2 % prosigue con la estimulación tras el primer orgasmo, un 20,5 % detiene la estimulación durante aproximadamente un minuto, mientras que un 12,6 % lo hace durante 2-3 minutos. Y, de media, el segundo orgasmo suele experimentarse 3,65 minutos después del primero.[41]

Estadísticas aparte, nuestra recomendación es que te pierdas en tu propia exploración sin ningún otro fin que el de explorar tu cuerpo y descubrir qué sensaciones te produce.

Si te investigas sin juzgarte, entenderás cómo funciona tu placer y qué acciones y situaciones te pueden provocar más de una respuesta orgásmica. Y si no llegas a ninguna respuesta nueva, te lo habrás pasado genial igualmente. Recuerda, ¡déjate llevar!

[40] [41] Gérard, M., *et al., idem.*

¿El primero es más o menos intenso que los demás?

Otro de los mitos que rodean el multiorgasmo es que el primero es el más intenso, pero los datos revelan justo lo contrario: según el 47,9 % de mujeres cis, la excitación aumenta tras el primer orgasmo; para el 27,3 % disminuye tras el primer orgasmo, mientras que para el 24,8 % la excitación sigue igual.[42]

Pasa algo parecido con la comida. Mientras que hay quien disfruta más del primer bocado de su plato favorito, otros esperan con ansia la última cucharada del postre, justo para quedarse con buen sabor de boca. Cómo percibimos los orgasmos es algo subjetivo, se debe disfrutar conforme a lo que nos gusta, no a lo que creemos que debería gustarnos.

De hecho, ser exigente contigx mismx consigue el efecto contrario: ponerte alerta y evitar que tu cerebro desconecte para dar paso a esas sensaciones placenteras. Esto es algo que juega en nuestra contra, ya que genera frustración y nos aleja del disfrute. Además, tener uno, dos o cinco orgasmos no va a cambiar tu vida sexual.

En definitiva, ¡descúbrete, escúchate y disfruta!

[42] Gérard, M., *et al., idem.*

Anorgasmia:

qué es y cómo identificarla

Que el orgasmo sea una experiencia subjetiva es algo maravilloso, ya que permite que cada persona lo viva de manera distinta. Pero, por otro lado, hace que sea complicado detectar si hay alguna dificultad a la hora de alcanzarlo. Esto es lo que sucede cuando hablamos de anorgasmia.

La anorgasmia, actualmente clasificada como «trastorno orgásmico» (generalmente más asociado a mujeres y personas con vulva), se caracteriza por una dificultad para experimentar el orgasmo o una marcada disminución en la intensidad de las sensaciones orgásmicas. Imagínate estar a punto de estornudar y no conseguirlo nunca o, en caso de conseguirlo, que te quedes cortx. Frustrante, ¿no?

El diagnóstico es controvertido y el trastorno no resulta fácil de detectar debido a la gran diferencia entre las descripciones de cómo se siente el orgasmo, tanto en distintas personas como en una misma, así como en diferentes situaciones y culturas.

Además, un trastorno orgásmico debe experimentarse en todas o casi todas las ocasiones y debe tener una duración mínima de unos 6 meses para ser considerado como tal. Finalmente, para que una persona diagnosticada debe existir un malestar y el trastorno debe significar una limitación en su vida emocional y sexual.

Cabe recordar que en mujeres y/o personas con vulva, la estimulación externa del clítoris es mucho más efectiva que la penetración vaginal para alcanzar el orgasmo. Por tanto, experimentar el orgasmo a través de la estimulación del clítoris, pero no durante el coito, no cumple los requisitos para el diagnóstico del trastorno orgásmico. Si este es tu caso y no sueles llegar al clímax a través de esta práctica, en vez de priorizar la penetración, ¿por qué no pruebas otras cosas que faciliten el placer y, eventualmente, el orgasmo?

Si al leer esto te sientes identificadx o te genera inseguridad, te recomendamos acudir a profesionales de la salud sexual, como sexólogxs y fisiosexólogxs, quienes te proporcionarán herramientas para (re) conectar con tu sexualidad desde una perspectiva más feliz.

Muchas mujeres cis requieren de la estimulación del clítoris para alcanzar el orgasmo y, efectivamente, la proporción de las que lo experimentan durante el coito peneano-vaginal es relativamente pequeña. Para que te hagas una idea: entre un 70 y un 80 % de mujeres cis necesitan estimulación del clítoris para alcanzar el orgasmo.[43] De hecho, solo el 50 % alcanza habitualmente el orgasmo a través de la mera penetración vaginal. En cambio, casi el 90 % de ellas alcanza el orgasmo cuando en los juegos eróticos se incluyen la estimulación manual y el sexo oral.[44]

[43] Mahar, E. A., Mintz, L. B., Akers, B. M., «Orgasm Equality: Scientific Findings and Societal Implications», *Current Sexual Health Reports*, 12, 2020, páginas 24-32.

[44] Richters, J., de Visser, R., Rissel, C., Smith, A., «Sexual Practices at Last Heterosexual Encounter and Occurrence of Orgasm in a National Survey», *Journal of Sex Research*, 43(3), 2006, páginas 217-226.

Segunda parte

SOCIEDAD ORGASMOCENTRISTA

Dentro del orgasmocentrismo

¿Cuántas veces has pensado que, sin penetración, el sexo no es completo? Si la respuesta es «muchas», déjanos decirte que esa mentalidad es el resultado de algo llamado «coitocentrismo», y se trata de la creencia de que solo podemos hablar de sexo cuando hay coito. Esta idea relega todas las demás prácticas a algo secundario, definiéndolas de forma errónea como «preliminares».

La mayoría de las veces, cuando pensamos en sexo y sobre todo en masturbación, automáticamente pensamos en orgasmo. Es una conexión de ideas tan inmediata que casi nunca nos planteamos la posibilidad de que haya prácticas relacionadas con el placer sin clímax.

Ese peso que le damos al orgasmo en nuestra cultura hace que vivamos nuestro placer como un medio para alcanzarlo y no como una finalidad en sí mismo. Pero ¿qué pasaría si el orgasmo fuese una parte más de nuestra esfera sexual y no el motivo central por el que nos masturbamos o compartimos intimidad con otras personas? Estamos segurxs de que nos agobiaríamos mucho menos.

Uno de los planteamientos más típicos del «orgasmocentrismo» es el siguiente: «¿Para qué voy a jugar sexualmente si no voy a tener un orgasmo?». Si trasladaras esta mentalidad a otras esferas de la vida, sería como decir: «¿Para qué salir a correr si no voy a ganar una maratón?». No siempre tenemos que hacer las cosas para alcanzar una meta o ser lxs mejores. Podemos tener sexo por un sinfín de razones, pero no debe ser fruto de una exigencia ni algo que nos impongamos.

Es el momento de que rompas con esta idea y deconstruyas tu concepción del sexo para recomponerla como lo que verdaderamente es: la clave para tu disfrute.

¿Es indispensable llegar al orgasmo? El imperativo orgásmico

Entender que el sexo placentero y satisfactorio pasa necesariamente por tener orgasmos conlleva que demos demasiada importancia a un reflejo involuntario y brevísimo. Además, estaremos dejando de disfrutar de las caricias, los susurros, la intimidad y, en definitiva, del placer.

¿Te has presionado alguna vez para llegar al orgasmo? ¿Has sentido que, al no tener uno, tus parejas sexuales se sentirían frustradas o que tendrías que dar explicaciones de por qué no lo alcanzabas?

Esto se conoce como «imperativo orgásmico» y consiste en la creencia de que el orgasmo es el objetivo del sexo y el que determina el final del encuentro sexual. Incluso se entiende como el medidor para saber si eres buenx amante.[45]

Debido a los referentes y la educación que hemos tenido, tendemos a pensar que el orgasmo de nuestra pareja sexual es la señal definitiva de que somos buenxs en la cama. Pero ¿realmente nuestra capacidad de conectar eróticamente con otras personas se mide por sus gemidos?

Si te preguntamos qué es lo que recuerdas de tus últimos encuentros sexuales, lo más probable es que te venga a la mente una mirada cargada de deseo, los olores del momento, la ropa por el suelo... Puede que «el orgasmo» sea solo una parte de la respuesta o que ni siquiera forme parte de ella. Las sensaciones del clímax suelen ser parecidas entre sí, pero cada encuentro es único. Por poner un ejemplo, de la misma forma que

[45] Frith, H., «The orgasmic imperative» en *Orgasmic Bodies: The Orgasm in Contemporary Western Culture*, AAIA, Washington, 2015, páginas 22-42.

en las películas el final es lo que más se destaca, hay muchas más cosas que nos mantienen pegadxs a la butaca: los giros del argumento, las mejores escenas o la banda sonora. Es una experiencia que disfrutas en su totalidad, como debería suceder con el sexo.

En definitiva, que el orgasmo es una experiencia increíble y te deja con ganas de más no lo ponemos en duda. Sin embargo, cuando el clímax se vuelve necesario y representa el éxito en tus relaciones sexuales, podrías estar dejándote algo por el camino, es posible incluso que eso entorpeciera tus experiencias eróticas y te desconectara de tus sensaciones.

Desigualdad en la cama: la brecha orgásmica

Aunque el sexo no es una competición para saber quién es la persona que suma mayor cantidad de orgasmos, si lo midiéramos desde una perspectiva deportiva, habría un equipo en clara desventaja.

Esto es algo que se conoce como «brecha orgásmica» (u *orgasm gap*) e indica la diferencia en el número de orgasmos entre varios colectivos. Según diferentes estudios, entre mujeres y hombres cis, así como entre parejas heterosexuales, homosexuales y bisexuales, el porcentaje de orgasmos en sus relaciones varía notablemente.

Te lo explicaremos con los datos de un estudio de 2018[46] que generaron muchísimo debate acerca nuestra forma de vivir el sexo. Dicho estudio midió el porcentaje de personas que llegan al orgasmo cuando mantienen relaciones sexuales en función de su género y orientación, y concluyó que el 95 % son los hombres heterosexuales, el 89 % los hombres homosexuales, el 88 % los hombres bisexuales, el 86 % las mujeres homosexuales, el 66 % las mujeres bisexuales y el 65 % las mujeres heterosexuales. Y, aunque no nos cansamos de repetir que el orgasmo no es el fin último del sexo ni su única fuente de placer, que las mujeres cis heterosexuales sean las más «perjudicadas» en este aspecto no es casualidad. Las mujeres

[46] Frederick, D. A., John, K., Garcia, J. R., Lloyd, E. A., «Differences in orgasm frequency among gay, lesbian, bisexual, and heterosexual men and women in a US national sample», *Archives of Sexual Behavior*, 47(1), 2018, páginas 273-288.

La brecha orgásmica

95 %
Hombres heterosexuales

89 %
Hombres homosexuales

88 %
Hombres bisexuales

86 %
Mujeres homosexuales

65 %
Mujeres heterosexuales

homosexuales tenían proporcionalmente más orgasmos que las mujeres hetero y bisexuales porque el foco de sus encuentros eróticos no se limitaba al coito, había más complicidad y comunicación, así como más ganas de innovar y crear prácticas de placer, sin la presión de encajar en estándares.[47]

En este sentido, la educación sexual (o, más bien, la ausencia de ella) también tiene mucho que ver. Hasta hace unos años, la educación sexual solo se centraba en los riesgos derivados del sexo, como las ITS (infecciones de transmisión sexual) y los embarazos no deseados. Afortunadamente, esta tendencia está cambiando y cada vez se le está dando más relevancia al disfrute y a la búsqueda del placer. Esto no significa que no haya que informar sobre los posibles riesgos y métodos de prevención, puesto que estos son aspectos esenciales a la hora de vivir una sexualidad sana, pero también lo son enseñar a vivirla desde el placer, el conocimiento y la comunicación.

En definitiva, lo que buscamos es que se conciba el sexo en toda su plenitud y como algo más que el coito. Para ello hay que formarse a través del conocimiento de nuestro propio cuerpo (sobre todo en el caso de la vulva y el clítoris) y contar con herramientas de comunicación sexual para transmitir qué deseamos o cómo queremos sentir placer.

No hay trampa ni cartón, estos son los elementos clave para reducir la brecha orgásmica y disfrutar de forma más sana y feliz.

Ahora que conoces la teoría, es tu turno de ponerla en práctica.

---

[47] Frederick, D. A., *et al., idem.*

Fingir orgasmos... ¿es malo?

No te conocemos de nada, pero estamos casi segurxs de que, en alguna ocasión, has fingido un orgasmo. Se trata de un fenómeno mucho más común de lo que piensas.

Fingir un orgasmo no tiene por qué ser algo necesariamente negativo. Porque si por un casual escucharnos gemir es algo que nos dispara la excitación, está más que justificado, ¿no crees? Es una razón más que válida siempre y cuando fingir un orgasmo sea parte de la *performance* sexual para aumentar la excitación propia y/o de la pareja. Pero cuidado, porque puede convertirse en un problema en el momento en que fingimos por miedo a no saber transmitir lo que queremos realmente.

Uno de los motivos más recurrentes de fingir un orgasmo puede ser no herir los sentimientos de la pareja (aunque ya hemos explicado que tus habilidades no se miden según las veces que la otra persona llega al clímax). Otros dos motivos por los que se finge son para acabar más rápido el encuentro sexual o el miedo a no conseguir el orgasmo.

¿Adivinas cuál es la solución a esto? Pues, efectivamente, ¡la comunicación! Comunicar nuestras necesidades, lo que nos gusta y lo que no, o simplemente lo que nos apetece, nos ayudará a vivir experiencias más satisfactorias y a evitar frustraciones y situaciones incómodas. Nuestros pensamientos no llevan un altavoz incorporado, así que no esperes que tu pareja los adivine. De la misma manera, no des nada por sentado y pregunta a tu pareja sobre sus preferencias sexuales (sí, tanto fuera como dentro de la cama).

Desde aquí te animamos a que seas sincerx contigo mismx y con tus parejas sexuales para que puedas disfrutar mucho más de tus experiencias, ya que te liberarás de presiones y te resultará más fácil y placentero alcanzar el orgasmo.

Además, conocer nuestro propio placer, trabajar nuestra autoestima y potenciar las fantasías será de gran utilidad para reforzar nuestro deseo y nuestra seguridad sexual... En otras palabras, para disfrutar de orgasmos tan auténticos que te hagan ver las estrellas.

¿Sabías que entre un 53 y un 67 % de las mujeres cis[48] y un 25 % de los hombres cis[49] fingen orgasmos? Además, el 14 % de las mujeres y 42 % de los hombres no distinguen cuándo la pareja está teniendo un orgasmo y cuándo no.[50]

[48] Cooper, E. B., Fenigstein, A., Fauber, R. L., «The Faking Orgasm Scale for Women: Psychometric Properties», *Archives of Sexual Behavior*, 43(3), 2014, páginas 423-435.

[49] Muehlenhard, C. L., Shippee, S. K., «Men's and women's reports of pretending orgasm», *Journal of Sex Research*, 47(6), 2010, páginas 552-567.

[50] Leonhardt, N. D., Willoughby, B. J., Busby, D. M., «The Significance of the Female Orgasm: A Nationally Representative, Dyadic Study of Newlyweds' Orgasm Experience», *The Journal of Sexual Medicine*, 15, 2018, páginas 1140-1148.

Dime de dónde eres y te diré cómo expresas el orgasmo

Aunque intentes concentrarte al máximo, siempre habrá una serie de cambios en tus facciones que revelarán que estás teniendo un orgasmo. La contracción de las cejas, la boca semiabierta, los ojos cerrados (o bien abiertos)... Es muy difícil ocultarlo. Lo cual es fantástico, ya que una de las mayores satisfacciones es que la otra persona pueda ver cuánto te gusta lo que sientes en su compañía.

Las expresiones faciales y corporales son una forma más de comunicación, ¿o acaso no te ha pasado que has llegado a entender cómo alguien se sentía con un simple gesto o mirada? Y, aunque hay formas de comunicación no verbal que se han globalizado, sigue habiendo algunas expresiones que difieren de una cultura a otra.

¿Podría decirse que a la hora de expresar el placer sexual existen diferencias culturales? Pues resulta que sí. Según un estudio publicado en 2018,[51] las expresiones faciales, incluida la del orgasmo, tienen una gran influencia cultural, ya que ofrecen mucha información a la pareja sexual. De hecho, según esta publicación, las personas orientales expresan el placer sexual de una forma distinta a las occidentales. Aunque la muestra del estudio no es completamente significativa y aún queda mucho por investigar con respecto a esta cuestión, todo apunta a que mientras las culturas orientales muestran una expresión más parecida a la del alivio, las occidentales se asemejan más a las que relacionamos con el dolor.

[51] Chen, C., Crivelli, C., Garrod, O. G., Schyns, P. G., Fernández-Dols, J. M., Jack, R. E., «Distinct Facial Expressions Represent Pain and Pleasure Across Cultures», *Proceedings of the National Academy of Sciences*, 115(43), 2018, doi: 10.1073/pnas.1807862115.

Tercera parte

MEJORA TUS ORGASMOS Y... REGALA ORGASMOS

¿Por qué deberías regalarte orgasmos?

Hay gente que regala flores, entradas para un concierto, este libro... Pero nosotrxs queremos animarte a que regales orgasmos. Y ¿a quién mejor que a ti mismx? Si esos segundos de intensísimo placer no te parecen motivo suficiente para tener ese detalle contigo mismx, vamos a repasar cuáles son los beneficios físicos, emocionales, psicológicos, sexuales o relacionales de los orgasmos.

◖ Beneficios físicos

• Mejora el sistema cardiovascular: experimentar un orgasmo hace que el corazón lata más fuerte y, por tanto, que bombee sangre y oxígeno a todos los tejidos del cuerpo, lo cual resulta muy beneficioso para el sistema cardiovascular.

• Mantiene en funcionamiento los genitales y les proporciona oxígeno: tanto la erección como la lubricación son respuestas que indican que todo está funcionando correctamente y que mantienen en forma nuestros órganos genitales. El placer sexual sería como la rutina de belleza del pene y la vulva.

• Alivia los dolores y mejora el sistema inmune: el orgasmo libera una serie de sustancias que tienen efectos analgésicos y que nos pueden ayudar a hacer más llevaderos los dolores menstruales y las cefaleas y a reforzar nuestro sistema inmunológico.

• Ayuda a conciliar el sueño: después del clímax, el cerebro libera sustancias como la dopamina, la oxitocina, la serotonina y la prolactina. Este cóctel nos produce relax y bienestar. Vamos, que te ayuda a dormir como un bebé.

• Mejora la funcionalidad sexual: la lubricación, la erección y el propio orgasmo funcionan mejor con el uso. De la misma manera, el orgasmo también ayuda a mejorar la salud del suelo pélvico... ¡Ponerse en forma nunca fue tan placentero!

◆ Beneficios psicológicos

• Mejora el ánimo: después de un orgasmo... ¿no te ves con mejor cara? Pues esto se debe a las sustancias que se liberan, que nos proporcionan un estado de bienestar y, por tanto, nos inducen a estar de mejor humor.

• Relaja y reduce el estrés: y, por el mismo motivo, nos sentimos más relajadxs, tranquilxs y en paz. ¿Un día estresante en el trabajo? Ya sabes qué hacer al llegar a casa.

• Promueve la autoestima sexual y el autodescubrimiento: tanto si lo experimentamos a solas como en compañía, el orgasmo nos ayuda a conocer nuestro placer y potencial erógeno y a valorarlos.

• Mejora el deseo erótico: ¡el placer llama al placer! Cuanto más lo experimentemos, más ganas tendremos de repetir. La responsable de este efecto llamada es la dopamina, el neurotransmisor «de la recompensa».

• Amplía el repertorio y el imaginario erótico: buscar el orgasmo y nuevas formas de placer nos lleva a alimentar las fantasías, que son la gasolina de nuestra sexualidad. Y recurrir a ellas durante la excitación es una buena forma de conocer nuestro placer.

◆ Beneficios relacionales

• Conexión emocional: el placer compartido puede ayudar a mejorar la intimidad y a estrechar el vínculo en pareja al reforzar la cercanía y confianza. Además, la satisfacción sexual aumentará vuestro deseo y os permitirá asociar vuestra relación a sensaciones positivas.

• Comunicación en pareja: será una herramienta fundamental para conocer vuestros puntos de placer, vuestras inquietudes, vuestras fantasías y vuestras preferencias sexuales. Y, ya de paso, podéis aprovechar para extender esta comunicación a otros aspectos de la relación.

• Exploración y descubrimiento: este proceso os puede llevar a descubrir nuevos aspectos de vuestra sexualidad de forma conjunta... ¿hay algo más emocionante y divertido? Aprended el unx del otrx y, si es a través de orgasmos compartidos, ¡pues mejor!

Inhibidores del orgasmo

Ahora que sabes cómo es un orgasmo, cuáles son sus beneficios o incluso que lo puedes tener en repetidas ocasiones con apenas unos minutos de diferencia, ¿por qué hay veces en las que parece imposible llegar a él?

Los factores que impiden llegar al clímax se conocen como inhibidores del orgasmo. Y si resulta tan difícil combatirlos es porque... ¡todos están en nuestra cabeza! Nuestro cerebro tiene la capacidad de hacernos sentir cosas maravillosas, ya que es el principal responsable de nuestro placer. Pero también puede crear barreras que impidan que nos dejemos llevar y vivamos el momento en el sexo. Definir cuáles son esas barreras es algo complicado, ya que hay tantas como cerebros existen, pero se dan patrones a los que podemos prestar atención para evitar que controlen nuestro placer:

Autoexigencia por alcanzar el orgasmo: el papel protagonista que se le ha otorgado al orgasmo nos lleva a autoimponernos una enorme presión por cumplir con las expectativas, que puede volverse en nuestra contra por el miedo a no alcanzarlas.

Pensamientos intrusivos: «¿Cómo me estará viendo la otra persona?», «¿Lo estaré haciendo bien?», «Seguro que no le está gustando nada», «¿Estaré gimiendo lo suficiente?». Este tipo de pensamientos con respecto a nuestra imagen o a nuestra *performance* sexual pueden ser barreras infranqueables para alcanzar el orgasmo.

Culpa por fantasear eróticamente: fantasear es tan intrínseco al ser humano como respirar. Pero, por desgracia, la culpa también puede serlo. Nunca debemos juzgarnos por nuestras fantasías y deseos más íntimos. Al fin y al cabo, pertenecen al terreno de la fantasía y solo tenemos que compartir o poner en práctica las que queramos.

Estrés o estado anímico bajo: nuestro estado mental puede ser determinante para disfrutar del sexo. Si estamos estresadxs o pasamos por un mal momento, quizás tengamos la mente en otro sitio y no nos permitamos dejarnos llevar como es debido.

Como hemos mencionado, el hecho de que sean factores que no podemos controlar hace que puedan aparecer en cualquier momento y dar al traste con la atmósfera o el deseo que podíamos sentir. Ante esto, tienes la opción de frustrarte y pensar que alcanzar el clímax será algo complicado u optar por preguntarte por qué (y a lo mejor aprender algo nuevo), cosa de la que somos partidarixs. Lo que está en tu mano es identificar estos obstáculos y abordarlos de manera consciente, ya que es lo que puede ayudar a mejorar nuestras experiencias sexuales.

La mejor manera de disfrutar de tus relaciones es practicar el sexo de forma consciente, dejar de lado las presiones y expectativas, explorar tu deseo y tu excitación, trabajar tu autoestima y, aunque creas que es obvio, escucharte. No siempre tenemos las mismas necesidades y, mientras un día puede apetecerte una sesión de sexo salvaje, habrá días en los que solo quieras besos y caricias. Y todos son igual de válidos.

HOW TO

Potencia tus orgasmos

¿Sabes cuando empiezas a ir al gimnasio y cada vez te ves más fuerte y con mejor resistencia? Con el orgasmo pasa algo parecido, ya que lo puedes «entrenar» para que su intensidad y placer sean aún mayores. De hecho, estos son algunos de los hábitos que te recomendamos para que las sensaciones del clímax sean más potentes:

◗ **Fantasea eróticamente:** contar con un imaginario erótico extenso aumenta las probabilidades de tener orgasmos superplacenteros (¡y hasta múltiples!). Las fantasías son una esfera más de nuestra sexualidad y las podemos usar a nuestro favor, ya que nos ayudan a excitarnos, a provocar la respuesta sexual y, por tanto, a conseguir placer y bienestar sexual.

◗ **Conecta con el presente:** practicar el sexo consciente nos ayuda a conectar con nuestro placer y sensaciones, lo que contribuye a alcanzar el orgasmo más fácil e intensamente. Aunque pueda parecer evidente, aprender a vivir en el presente es sumamente beneficioso para cualquier aspecto vital.

⚫ **Juega con todos los sentidos:** normalmente nos centramos en los genitales y olvidamos que todos nuestros sentidos participan en el placer. Jugar con los sentidos, potenciándolos (por ejemplo, a través de sabores y olores) o privándonos de alguno de ellos (por ejemplo, a través de antifaces o cuerdas) puede acercarnos más al orgasmo.

⚫ **Tonifica el suelo pélvico:** es decir, el conjunto de músculos que se encuentran en el bajo abdomen y que mantienen en su sitio todos los órganos de la pelvis. Entrenar esta musculatura a través de ejercicios y herramientas como las bolas chinas nos ayudará a tener orgasmos más potentes y duraderos (¡y a mejorar la lubricación!).

⚫ **Varía estimulaciones:** El hecho de variar en cuanto a las sensaciones, las zonas del cuerpo y las posturas aumenta el placer, y mejora las probabilidades de tener un orgasmo y de potenciar el deseo erótico. Además, la expectativa y el no saber qué vendrá después nos motivan y mantienen nuestra atención en lo que estamos haciendo.

⚫ **Comunicación (erótica también):** la comunicación es una de las formas más potentes de expresar el erotismo. De hecho, está demostrado que comunicar eróticamente potencia y mejora el placer sexual, aumentando la intensidad de los orgasmos, incluso a través del *dirty talk* (práctica que consiste en hablarle de manera sensual o, como su propio nombre indica, «sucia» a tu pareja).

⚫ **Incluye juguetes eróticos:** sus estimulaciones y el efecto sorpresa que proporcionan se traducen en sensaciones extraordinarias para el cerebro, que, por supuesto... ¡también potencian los orgasmos!

🌢 **Opta por lubricantes:** el uso del lubricante siempre es una buena decisión a la hora de mantener relaciones, ya que está científicamente demostrado que potencia las sensaciones, la excitación y el orgasmo.

El sexo tiene la particularidad de ser una de las pocas experiencias que abarcan los cinco sentidos. Entonces, ¿por qué no tratar de centrarnos en las prácticas más sensitivas? Esta sensorialidad nos atará al presente y hará que los canales por los que nuestro cerebro recibe la información del exterior se predispongan al placer y estén mucho más receptivos al orgasmo.

¡Eroticémonos!

(Más allá de los genitales)

Es posible que seas ya todx un/x expertx en lo que se refiere a escuchar a tu propio cuerpo, pero queremos hacer un pequeño repaso de algunos detalles que puedes tener en cuenta cuando se trata de estimularte o de estimular a otra persona. Es importante que recuerdes que la estimulación puede ser manual, mediante juguetes eróticos (a solas o en compañía) y/u oral. Puedes alternar distintas estimulaciones o centrarte en una, según lo que te apetezca en cada momento. Además, si añades un poco de lubricante a la ecuación, las sensaciones serán mucho más placenteras.

¿Sabes por qué los juguetes nos proporcionan sensaciones potentes y placenteras? La respuesta es tan curiosa como lógica: nuestro cerebro no puede predecir el movimiento del juguete, a diferencia de nuestra propia mano, por tanto, ¡le genera sorpresa y una dosis extra de placer!

Cómo masturbar el clítoris

Hay que tener en cuenta que no existe ninguna técnica de estimulación infalible, ya que cada clítoris tiene una sensibilidad distinta y durante la respuesta sexual hay diferentes etapas de excitación. Por eso, conocer qué presión, qué movimiento y qué ritmo te va bien en cada momento es lo que te dará la clave para gozártelo (o hacérselo gozar) al máximo. Que no cunda el pánico: aunque parezca que hay demasiadas variables a las que debes prestar atención si estás dando placer al clítoris de otra persona, recuerda que las claves serán siempre la comunicación y la escucha activa.

● **Presión:** para saber qué presión es la adecuada para el gusto de cada persona y para cada momento, recomendamos ir de menor a mayor presión: primero, rodea el clítoris con caricias suaves, usando los dedos menos fuertes o a través de la ropa interior, por ejemplo. Esta presión progresiva ayudará a que la vulva se vaya adaptando poco a poco a la intensidad, a medida que la excitación aumenta.

Si en un encuentro sexual con otra persona estáis probando diferentes presiones, buscad con cuál os sentís más cómodxs estableciendo, por ejemplo, tres niveles (suave, medio y fuerte) para poder guiaros usando los números del 1 al 3, o simplemente mostrándole a la otra persona en su cuerpo la presión que cada unx busca.

● Ritmo: de la misma manera, la progresividad en el ritmo es clave, por lo que empezar con un ritmo más suave e ir aumentando la intensidad a lo largo de la estimulación seguramente hará que disfrutes mucho más de la experiencia. Sin embargo, hay quienes disfrutan incluso de ralentizar el ritmo a medida que sube la excitación para tardar más en llegar al orgasmo... ¡busca la fórmula que mejor te funcione!

● Movimientos:

• En círculos: se trata de hacer círculos alrededor del clítoris, deslizando los dedos, la lengua o el juguete suavemente. Empieza con círculos grandes que prácticamente no rocen el clítoris y, poco a poco, ve haciendo círculos más pequeños, acercándote al glande.

• En zigzag: el movimiento es de lado a lado en diagonal; como si dibujáramos una Z en el clítoris. De esta manera estimulamos toda la zona, pero no siempre se toca directamente el clítoris.

• De arriba abajo: con este patrón de movimiento puedes aprovechar para alternar el roce del clítoris con el de la entrada de la uretra o la entrada de la vagina, dos de las zonas más sensibles y placenteras después del clítoris.

• En sándwich: se trata de hacer un sándwich con los dedos corazón y anular y el clítoris. Aquí podemos mover los dedos arriba y abajo mientras los presionamos suavemente hacia el clítoris.

• Ponte creativx: la creatividad es la mejor aliada para cualquier práctica sexual, así que, si quieres incorporar otros elementos como el agua de la ducha o el roce de una almohada o de una toalla enrollada, quizás descubras nuevas formas de masturbar el clítoris que te hagan pasarlo en grande.

Una de las grandes revoluciones en el mundo de la estimulación del clítoris ha sido el conocido popularmente como succionador (aunque el término más correcto sería «estimulador de clítoris»). ¡Muchas personas con vulva han podido experimentar el *squirting* o la multiorgasmia por primera vez gracias a este tipo de juguetes, ya que estimula las casi 10 000 terminaciones nerviosas del clítoris![52]

[52] Uloko, M., Isabey, E. P., Peters, B. R., «How Many Nerve Fibers Innervate the Human Glans Clitoris: A Histomorphometric Evaluation of the Dorsal Nerve of the Clitoris», *The Journal of Sexual Medicine*, 20(3), 2023, páginas 247-252.

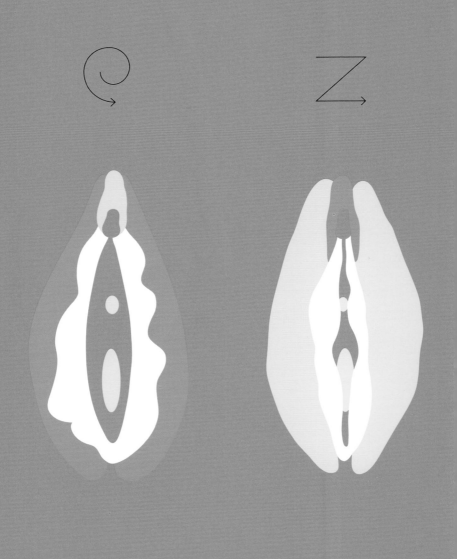

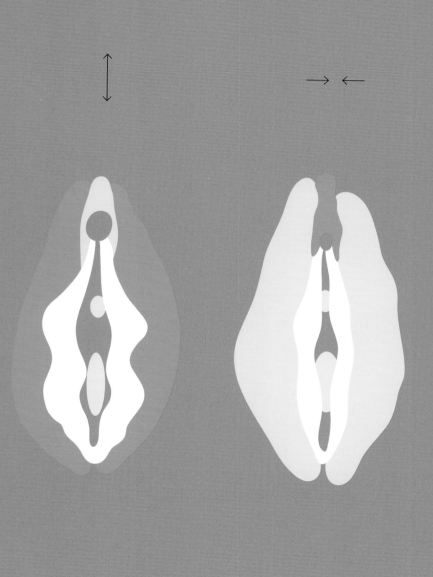

Cómo masturbar el pene

El pene es más complejo de lo que puede parecer a simple vista. Aunque nuestra primera impresión puede ser que no hay nada más allá del sube-baja, el pene tiene distintas partes que se pueden estimular de infinitas maneras. Al igual que con el clítoris, sentimos decirte que no hay una fórmula mágica para masturbar cualquier pene: cada persona tiene una sensibilidad y unas preferencias, así que en tus manos (o en tu lengua o juguete) está descubrir la tuya propia o la de tu pareja.

Pero no hemos venido solo a decirte que, como cada persona es un mundo, te busques la vida. En las siguientes páginas te dejamos algunas técnicas que van más allá del sube-baja y que puedes poner en práctica a la hora de masturbar un pene.

El glande es la zona con más terminaciones nerviosas y, por tanto, más sensible... ¡y placentera!

● Sujeta la base del pene con firmeza y rodea el glande (o parte superior) con las yemas de los dedos, haciendo movimientos en círculos con la palma de la mano ahuecada.

● Coloca una mano en el glande y deslízala a lo largo del tronco del pene, hacia abajo. Antes de que tu mano llegue a la base, sube la otra mano hasta la punta y repite el mismo movimiento hacia abajo. Ve repitiendo estos movimientos de forma sincronizada (en la medida de lo posible), como si utilizaras tus manos para subir por una cuerda.

● Los testículos son una zona erógena extremadamente placentera de las personas con pene. Acarícialos con las yemas de los dedos (o con la lengua) para después cogerlos y tirar con suavidad. Recuerda que se trata de una zona tan placentera como sensible.

● Si estás estimulando a tu pareja sexual y te apetece optar por la estimulación oral, puedes rodear el glande con la lengua, utilizar los labios para acariciar de arriba abajo o incluso añadir algo de succión (eso sí, con mucha suavidad).

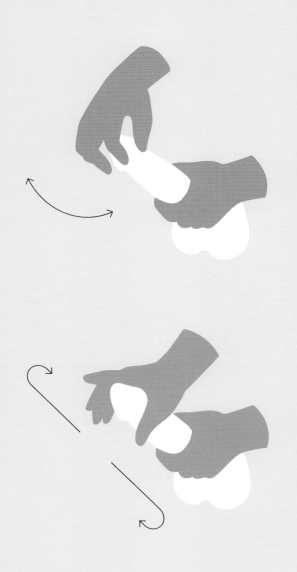

Otras zonas erógenas

Aunque ya has aprendido cómo estimular las zonas con mayor cantidad de terminaciones nerviosas –y las que están en muchas ocasiones involucradas a la hora de llegar al orgasmo–, queremos aprovechar la ocasión para recordarte que hay otras partes de tu cuerpo a la espera de que las descubras.

Yendo de arriba a abajo, algunas de las zonas que más sensibilidad tienen son los labios y las orejas: dos áreas del rostro perfectas para recorrer con la yema del dedo o la punta de la lengua (o para dar suaves mordiscos).

Tanto el cuello como la nuca son otro par de zonas altamente sensibles. Recorrerlas con las manos o la boca es muy placentero.

Quizás unas de las superficies más olvidadas, en el caso de hombres y/o personas con pene, sean los pezones, pero lo cierto es que sus niveles de sensibilidad son muy altos. Así que, desde hoy, ¡prohibido pasarlos por alto! Puedes acariciarlos con toques suaves e ir aumentando la presión.

Y, aunque en los estudios en que los participantes deben votar sobre sus zonas erógenas predilectas estos quedan en posición más baja que los anteriores, también te animamos a investigar la cara interna de los muslos, los testículos o los dedos de los pies.

Que esta lista te sirva como punto de partida si te faltaba alguna de estas zonas erógenas por explorar y estabas faltx de ideas, y que te anime también a ir por libre e investigar por tu cuenta. Quién sabe... Quizás tu punto más erógeno no es ninguno de estos y está esperando a que lo descubras.

Conclusión

Parte de la educación sexual que hemos interiorizado a lo largo del tiempo se ha construido con malentendidos y distorsiones alrededor del orgasmo. Tanto que es una expresión del placer que nos encanta y nos preocupa a partes iguales.

Así pues, es indispensable conocerlo más de cerca, sin juzgar y desde las evidencias científicas, intentando quitarle hierro a todo lo que hemos magnificado hasta la fecha. Sin duda, el orgasmo es una sensación maravillosa y por eso es importante disfrutarlo y experimentar, ya sea a solas o en compañía, con o sin juguetes, recreándonos o no en fantasías. Aun así, no debe ser una necesidad ni una exigencia, sino parte de nuestro propio placer. De hecho, no lo es todo en el sexo: mucho más allá del orgasmo existe un universo de sensaciones, juegos y experiencias que nos enriquecen sexualmente y amplían nuestra manera de vernos como seres sexuales.

Por otro lado, es importante entender que no existe una sola forma de sentir el orgasmo, sino que hay un sinfín de situaciones y momentos que pueden desencadenarlo, así como reprimirlo. Por tanto, las prácticas de placer que creamos a solas o en compañía son parte de nuestra creatividad y nos ayudan a ser curiosxs sexualmente.

Y aunque históricamente las diferencias entre géneros han tenido un claro impacto en nuestra forma de disfrutar eróticamente, ser más conscientes de lo que nos ocurre dentro y fuera de la cama nos da pistas para vivir de forma más feliz y tomar decisiones más sanas acerca nuestra sexualidad, deshaciéndonos de brechas y orgasmos fingidos.

Finalmente, recuerda que el orgasmo tiene numerosos beneficios para nuestra salud física y emocional, y nos ayuda a conectar con nosotrxs mismxs y con nuestros deseos.

Y, dicho esto, nos despedimos, que se nos ha antojado un orgasmo (y esperamos que a ti también).

GLOSARIO

ACTIVACIÓN CLITORIAL Placer u orgasmo que derivan de la estimulación clitorial.

ACTIVACIÓN VAGINAL Placer u orgasmo que derivan de la estimulación vaginal.

ANORGASMIA Se caracteriza por una dificultad para experimentar el orgasmo o una marcada disminución en la intensidad de las sensaciones orgásmicas.

BIRTHGASM Experiencia de tener un orgasmo durante el proceso de dar a luz.

BISEXUALIDAD Define la orientación sexual hacia más de un género. Una persona bisexual puede sentir atracción erótica y/o afectiva por personas de un género diferente al suyo, de su mismo género, de géneros no binarios, etc.

BRECHA ORGÁSMICA Discrepancia que existe entre la frecuencia y la facilidad con la que las personas pueden llegar al orgasmo. En las relaciones sexuales entre personas heterosexuales, las personas con pene tienen mayor número de orgasmos que las personas con vulva.

CIS O CISGÉNERO Convencionalmente, al nacer, se asigna un género u otro según los genitales externos: a la vulva se le asigna género femenino; al pene, masculino. Aun así, en ocasiones, la identidad de género y el género asignado al nacer no coinciden, resultando en personas no binarias, transgénero, agénero... Sin embargo, si el género asignado concuerda con la identidad de género (el género sentido) se habla de cisgénero o cis. Eso implica sentirse conforme con el género definido culturalmente. El término cis se contrapone a trans.

CLÍTORIS Órgano sexual «femenino» altamente sensible y erógeno cuya principal función es excitar y proporcionar placer.

COITOCENTRISMO Creencia que afirma que solo si hay coito es posible hablar de sexo. Esta idea relega todas las demás prácticas a algo secundario, definiéndolas de forma errónea como «preliminares».

COREGASM Experiencia inusual y específica de algunas personas que experimentan orgasmos durante el ejercicio físico o al realizar ciertos tipos de ejercicios, especialmente aquellos que involucran el fortalecimiento de los músculos del núcleo, como los abdominales.

DILDO Objeto diseñado para la estimulación sexual que se asemeja a un pene humano, generalmente sin características reales como testículos o venas. Los dildos se utilizan para la estimulación sexual interna o externa, y pueden estar hechos de una variedad de materiales, incluyendo silicona, plástico, vidrio, metal o goma.

DOPAMINA La dopamina es un neurotransmisor, una sustancia química que actúa como mensajera en el cerebro y el sistema nervioso. Juega un papel fundamental en la regulación de una variedad de funciones fisiológicas y psicológicas en el cuerpo humano, incluyendo el control del movimiento, la motivación, el estado de ánimo y la recompensa.

ESTIMULACIÓN GENITAL La práctica de acariciar, tocar, masajear o manipular las áreas genitales con el propósito de inducir la excitación sexual y, en última instancia, el placer sexual.

ESTIMULACIÓN ORAL La práctica sexual en la que una persona utiliza su boca, lengua y labios para acariciar, besar, lamer, chupar o realizar otras acciones similares en las zonas erógenas de la otra persona, generalmente los genitales o el área alrededor de ellos, pero también otras partes del cuerpo que pueden ser altamente sensibles al estímulo erótico, como los pechos o el cuello.

GÉNERO Roles, características y oportunidades definidos por la sociedad que se consideran apropiados para los hombres y las mujeres, incluso desde antes de nacer, independientemente de su identidad de género (o género sentido íntimamente). No es un concepto estático, sino que cambia con el tiempo y del lugar.

GENITALES Órganos sexuales externos.

GLANDE Parte final del pene y del clítoris, de coloración rosado/rojiza y altamente sensible. Suele estar cubierto por un pliegue de piel llamado prepucio, que se puede retraer para exponer el glande.

HETEROSEXUALIDAD El prefijo «hetero-» proviene del griego y significa «distinto». Por ende, la palabra heterosexualidad se refiere a la orientación de personas que sienten atracción erótica y afectiva hacia personas de un género diferente al suyo.

HOMOSEXUALIDAD El prefijo «homo-» proviene del griego y significa «igual». Por ende, la palabra homosexualidad se refiere a la orientación de personas que sienten atracción erótica y afectiva hacia personas del mismo género.

IMPERATIVO ORGÁSMICO Sentido de presión y obligación que muchxs sentimos para alcanzar el orgasmo cada vez que tenemos relaciones sexuales, y la presión que ejercemos sobre nuestras parejas para asegurarnos de que siempre tengan un orgasmo también.

INHIBIDOR DEL ORGASMO Factor interno (por ejemplo: pensamientos) o externo (por ejemplo: estimulación inadecuada) que dificulta o imposibilita alcanzar el orgasmo.

ITS Las infecciones de transmisión sexual son infecciones que se transmiten de una persona a otra mediante el intercambio de fluidos genitales, sangre o el contacto directo con llagas infectadas, es decir, el contacto sexual sin protección.

MULTIORGASMIA Capacidad de tener orgasmos consecutivos, es decir, repetidamente, sin dejar de estimular tu zona erógena favorita.

ORGASMO SECO Ausencia de eyaculación cuando se tiene un orgasmo.

PSICOANÁLISIS Teoría y práctica terapéutica que busca explorar y comprender los procesos mentales inconscientes, así como sus efectos en el comportamiento humano, a través del diálogo entre el paciente y el terapeuta.

RESPUESTA ORGÁSMICA Se trata de una serie de cambios fisiológicos y psicológicos que ocurren en el cuerpo durante el clímax sexual. Estos cambios suelen incluir una sensación intensa de placer, la liberación de tensiones sexuales acumuladas y contracciones musculares rítmicas en el área genital, seguidas de una sensación de relajación y bienestar.

RESPUESTA SEXUAL Serie de cambios físicos y psicológicos que ocurren en el cuerpo y la mente de una persona en respuesta a la estimulación sexual.

SEXO CONSCIENTE (*MINDFULSEX*) Es la aplicación de técnicas de *mindfulness* en la práctica sexual. El *mindfulsex* es un gran aliado para disfrutar plenamente del sexo, y es que el sexo también puede ser una forma de meditar.

SQUIRTING El *squirting* es la expulsión involuntaria de un líquido transparente e inodoro que sale de la uretra durante la estimulación sexual del clítoris, de la vagina o de ambos a la vez.

SUELO PÉLVICO El suelo pélvico es el conjunto de músculos que se encuentran en el bajo abdomen y que mantienen en su sitio todos los órganos de la pelvis: vagina, uretra, vejiga, útero y recto.

TRASTORNO ORGÁSMICO Se refiere a una dificultad persistente o recurrente para alcanzar el orgasmo o experimentar orgasmos de forma satisfactoria durante la actividad sexual.

Acerca de Platanomelón

Platanomelón impulsa un movimiento que reivindica el bienestar a través del autocuidado y el placer. Desde su inicio en 2014, la marca ha ganado prominencia en España y México, derribando muros y normalizando lo que es natural en el ámbito de la sexualidad.

La misión de Platanomelón es tanto cultural como revolucionaria: busca romper estigmas y promover una sexualidad vivida de forma natural y positiva. A través de su equipo de sexología, la marca ofrece contenido diario que ha empoderado a más de 5 millones de personas para explorar, comprender y disfrutar plenamente de su vida íntima.

Platanomelón se adentra en temas a menudo relegados a la sombra, invitando a la comunidad a redescubrirse y a reclamar lo que es mejor para cada unx. La marca invita a unirse a una revolución sin filtros, donde el mayor bienestar es disfrutar al máximo en cada etapa de la vida.

Esta colección de libros es el resultado de un trabajo de investigación llevado a cabo por el equipo de Platanomelón, compuesto por especialistas en sexología, en sociología, en redacción y en diseño gráfico, y es un esfuerzo coral para ampliar todavía más el impacto positivo de la marca en la sociedad.